Helen Heinemann

Warum Burnout nicht vom Job kommt

Helen Heinemann

Warum Burnout NICHT vom Job kommt.

Die wahren Ursachen für die Volkskrankheit Nr. 1

adeo

Inhalt

Kapitel 1

1.000 nette Leute oder: Der Verdacht

Mit dem üblichen Fehler fing alles an: Ich konnte nicht Nein sagen.

Ich konnte nicht Nein sagen, als mich die Projektentwicklerin einer großen Krankenkasse vor sechs Jahren anrief und bat, ein Seminar zur Burnout-Prävention zu konzipieren. Gedacht sei zunächst an berufstätige Frauen mit Kindern. Sie stünden durch die Doppelbelastung unter besonderem Druck und liefen demnach in besonderem Maß Gefahr auszubrennen. Das schien logisch. Ich hatte bereits eine Menge am Thema „Stressbewältigung" gearbeitet und sagte zu. Unabhängig von meiner eigenen Arbeitsbelastung, unabhängig von meinen vier Kindern, die alle in einem herausfordernden Alter waren, unabhängig vom Haus, das seit Jahren nach einer Vollzeit-Hausfrau und Bauherrin rief. Aber das Projekt gefiel mir auf Anhieb – und die Arbeit mit Burnout-gefährdeten Männern und Frauen sollte mich bis heute nicht mehr loslassen.

Inzwischen habe ich rund 1.000 solcher Menschen in individuellen Intensivseminaren begleiten dürfen und unzählige direkt vor Ort in den Betrieben. Die sogenannte Primärprävention dauert jeweils eine Woche: Wir arbeiten konzentriert in der Gruppe, intensive fünf Tage à acht Stunden lang. Selten haben sich Menschen so schnell zusammengefunden, so frei ausgetauscht, so weit geöffnet. Ich stieß dabei auf Leitbilder, Muster, die sich immer wiederholen. Aber es kamen auch ständig neue Fragen auf: Wieso brennen die einen aus, während die anderen in der Lage sind, weitaus größere Belastungen wegzustecken? Woher rührt diese besondere Schwäche, die Unfähigkeit, Nein sagen zu können? Wo geht die Energie verloren, über die Zweijährige so selbstverständlich verfügen? „Nein", sagen sie. Mit aller Macht und der ganzen Kraft ihrer siebzig Zentimeter. „Nein, ich will nicht!"

Je länger ich mich mit diesem Thema beschäftigte, desto stärker wuchsen meine Zweifel an der gängigen Lehrmeinung. Wir glauben ja heute, das Phänomen gut erforscht zu haben. Der wachsende Druck sei schuld, die Verdichtung der Arbeitswelt. Immer mehr Aufgaben sollen in immer kürzerer Zeit erledigt werden. Dennoch muss alles perfekt sein, Fehler werden nicht toleriert. Dazu kommen die Angst vor Arbeitslosigkeit und die unsicheren Märkte: Wer nicht mitspielt, könnte der Nächste sein, der entlassen wird.

Aber stimmt das wirklich? Zumindest Letzteres war bei meinen Teilnehmern nicht der Fall. Der überwiegende Teil war fest angestellt, manche waren sogar unkündbar. Materielle Not litten die wenigsten, im Gegenteil: Viele waren gut situiert, in leitenden Positionen mit entsprechendem Gehalt tätig, viele lebten im eigenen Haus. Und dennoch spürten sie diese große Erschöpfung, das Gefühl, dem Alltag nicht mehr gewachsen zu sein. Sie fühlten sich leer und müde.

Eine einfache Lösung scheint es nicht zu geben. Zum Thema „Stress und Burnout“ ist bereits eine Reihe von Ratgebern erschienen und die Zeitschriften sind voll mit lapidaren Tipps. Da heißt es beispielsweise: „Nehmen Sie doch einmal eine Auszeit. Genießen Sie ein Schaumbad. Gönnen Sie sich eine Reise!“ Doch wenn diese Rezepte wirkungsvoll wären, würde sich das Phänomen nicht stetig weiter ausbreiten.

Und die Beispiele sind ganz real. Der Teamleiter einer sozialen Einrichtung, der früher 30 Fälle zu betreuen hatte – mit allen notwendigen Gesprächen mit Klienten und bei den Behörden, der Vor- und Nachbereitung, der Beurteilung des Umfeldes und der Kontrolle –: Er hat heute 90 Fälle auf dem Tisch. Und er trägt viel Verantwortung. Ständig mit der Angst im Nacken, er könnte einen Fehler machen, etwas übersehen, zur Rechenschaft gezogen, im schlimmsten Fall an den Pranger gestellt werden. Oder die Altenpflegerin, die ständig das Handy bewacht. In der Mittagspause, beim schnellen Einkauf im Supermarkt und mit dem Vibrationsalarm abends im Schauspielhaus. Nie kann sie etwas in Ruhe zu Ende bringen, immer wieder wird sie gestört und muss sich unterbrechen lassen. Eltern mit kleinen Kindern erleben das zwar dauerhaft. Sie haben aber zumindest die Gewissheit, dass diese Phase vorübergehen wird. Die Altenpflegerin nicht.

Doch steht die Altenpflegerin wirklich unter diesem Druck? Was würde passieren, wenn sie nicht ständig erreichbar wäre? Könnte sie Stellvertreter benennen, Verantwortung abgeben? Sie kann es im Moment nicht. Doch ist es tatsächlich der äußere Druck – oder steckt der Zwang, sich keinen Fehler erlauben zu dürfen, auch in ihr selbst? Liegt er in ihrer Biografie, in ihrer Geschichte begründet?

Was leben die Eltern vor, was die Mütter? Selbstverständlich sollen Mädchen heute eine gute Berufsausbildung haben. Aber sie sollen sich immer auch um das Soziale kümmern, um Freunde und Verwandte, um die Organisation der Freizeit, um Geburtstage und Geschenke. So sind die Mädchen aufgewachsen, in den meisten Familien tragen die Frauen bis heute diese Verantwortung. Sie können die Arbeit eventuell delegieren, aber sie sind verantwortlich. Spielt also auch unsere Sozialisation eine Rolle? Dann wären vor allem die Frauen mit Doppelbelastung von Burnout bedroht. Womit wir wieder beim ursprünglichen Setting sind: Zunächst also die berufstätigen Mütter, mit denen die Arbeit begonnen hat.

Meine Ratlosigkeit wuchs, je tiefer ich in die Materie eindrang. Nur über eines war ich mir schnell klar: Wir alle sitzen ständig Vorurteilen auf, wenn es um Burnout geht.

Vorurteil Nr. 1: Bessere Organisation verhindert Burnout

Bei der Vorbereitung auf mein erstes Seminar musste ich zunächst meine eigenen Annahmen überprüfen. Ich bin berufstätig und habe vier Kinder. Ab und zu bin ich müde, ab und zu erschöpft. Aber niemals breitet sich dieses Gefühl über mehrere Tage, über Wochen, über das ganze Leben aus. Wie gehe ich mit Stress um? Nach zwei

Wochen mit Seminaren und Coachings rund um die Uhr ist mein Akku auch leer. Dann mache ich eine Pause, verbringe ein langes Wochenende mit der Familie, mit Spielen und Ausflügen, mit einem Bummel über den Markt und der Zubereitung von Mahlzeiten. Angenehme, oft mechanische Tätigkeiten, die mich körperlich, aber nicht geistig anstrengen.

Ich versuchte, mich in die Lage einer gestressten und überforderten Mutter hineinzuversetzen. Was ist es denn, das eine berufstätige Frau mit Kindern an die Grenzen ihrer Belastbarkeit treibt?

Bislang hatte ich in der Beratung nur mit einzelnen Personen zu tun, die an der Grenze ihrer Belastbarkeit standen. In diese Situation konnte ich mich immer gut hineinversetzen. Aber ich dachte stets: *Warum setzen sie nicht andere Prioritäten? Wieso können sie nicht einige Aufgaben einfach weglassen oder delegieren? Warum muss es neben den Geschenken für die Schwiegermutter auch noch die Verantwortung für den Täufling der Schwester des Partners sein? Warum diese endlosen To-do-Listen, die bis zur Besorgung von Geodreiecken, Geschirrspülmaschinenentkalkern und Duftkerzen reichen? Wenn die Arbeit zunimmt, muss man sich eben anders organisieren!*

Das können nur schwache Menschen sein, dachte ich insgeheim. *Sie kapitulieren zu schnell, wenn nicht alles nach Wunsch läuft. Oder es sind Drückeberger, die in der Modekrankheit ein wunderbares Argument gefunden haben, um dem Chef die Schuld für ihre eigene Unfähigkeit zu geben. Warum packen sie die Probleme nicht an, verbessern die Kommunikation und das Betriebsklima? Warum wehren sie sich nicht gegen zusätzliche Aufgaben?*

Dennoch wollte ich ohne jeden Vorbehalt in das Seminar hineingehen – was aber gar nicht so einfach war! Die Teilnehmerliste hatte ich natürlich im Vorfeld studiert: Eine Professorin und eine Spitzensportlerin waren dabei, leitende Angestellte, Sachbearbeiterinnen und Kauffrauen. Alle hatte bereits eine eindrucksvolle Karriere gemacht. Umso erstaunter war ich, als ich den Seminarraum in Hamburg betrat: Eine müde Gruppe erwartete mich, traurig und ratlos. Welcher Kontrast zu dem Erfolg und zu ihren Leistungen. *Was ist mit diesen Frauen passiert?* Etwas irritiert stellte ich mich vor und bat die Teilnehmerinnen, das Gleiche zu tun.

Eine erste Kennenlernrunde: Jessica fing an. Die 38-jährige Juristin hatte zwei kleine Kinder und engagierte sich in einem Tanztheater. Sie arbeitete zurzeit halbtags und spielte in ihrer Freizeit am liebsten Geige: „Wenn ich dazu komme." Schon auf den ersten Blick eine ungewöhnlich intelligente und aparte Frau, aber unerklärlich wackelig auf den Beinen.

Schnell gab sie den Ball an ihre Nachbarin Anja weiter. Die Diplom-Pädagogin hatte mit 28 bereits promoviert, mit 30 geheiratet und ein Kind bekommen und sich mit 32 Jahren wieder scheiden lassen. Jetzt war sie 36 und suchte verzweifelt nach einem neuen Partner. Denn sie wünschte sich ein zweites Kind und die Geschwister sollten altersmäßig nicht so weit auseinander liegen.

Danach kam Bettina, eine resolut wirkende, konservativ gekleidete 48-Jährige, Leiterin einer Altenpflegeeinrichtung. Sie hatte eine 60-Stunden-Woche, zwei halbwüchsige Kinder und tausend Sorgen. „In diesem Seminar will ich endlich wieder zu mir selbst finden", wünschte sie sich und sprach von ihrer Zerrissenheit zwischen den Schauplätzen.

Etwas unsicher stellte sich auch Inga vor: „Ich bin … es ist vielleicht eine ungewöhnliche Berufsbezeichnung, aber ich bin Olympiasiegerin. Ich spiele Handball in der Bundesliga und will gleichzeitig die beste Mutter für meine Tochter sein. Und das ist hundertmal schwerer, als Tore zu werfen …"

So ging es etwa eine Stunde lang. Nach zehn spannenden Lebensläufen von leistungsorientierten Frauen war mir eines klar: Meine Vorannahmen über Menschen, die an Burnout erkrankt oder erschöpft sind, waren falsch. Ausnahmslos alle Teilnehmerinnen hatten es im Leben zu etwas gebracht. Promovierte Juristin oder Olympiasiegerin kann schließlich nicht werden, wer keinen Plan hat und nicht in der Lage ist, zielgerichtet zu arbeiten. Warum also diese große Erschöpfung? Warum diese Müdigkeit?

In der Mittagspause unterhielt ich mich mit Jessica über klassische Musik und mit Inga über Handball und ich vergaß dabei fast den Zweck des Seminars: Burnout-gefährdete Frauen zu stärken und ihnen neue Lösungen aufzuzeigen. Zurück im Seminarraum erlebte ich die nächste Überraschung. Der Stuhlkreis war perfekter als am Morgen, die Stifte lagen nach Farben sortiert wieder am Flipchart, das mit dem Tagesprogramm beschriebene Blatt Papier war vergrößert ans Pinboard geheftet und der Raum gelüftet. Ohne dass ich irgendetwas gesagt hatte, hatten die Teilnehmerinnen nebenbei für Ordnung gesorgt. An Einsatzwillen fehlte es ihnen also genauso wenig wie an Organisationstalent.

Diese Frauen waren organisiert. Sie waren geradezu unheimlich organisiert. Sie managten ihre Familien inklusive Mann, Kinder und Katzen, kümmerten sich oft zusätzlich um die eigene Mutter oder die Schwiegermutter, pflegten die Pflanzen oder gar einen Garten. Und sie waren berufstätig. Auch im Job versuchten sie Spitzenleistungen zu bringen, häufig sogar ohne sich anmerken zu lassen, dass sie Familie hatten. Sie organisierten ihren Alltag nahezu perfekt, waren aber dennoch unzufrieden mit ihrer Leistung. Warum? Ihre Ansprüche schätzten sie selbst als sehr hoch ein, sie litten darunter, aber kamen nicht dagegen an.

Hohe Ansprüche, natürlich. So schrieb es auch das Lehrbuch. Aber die hohen Ansprüche waren nur ein Symptom. Was aber war dessen Ursache? Je länger ich darüber nachdachte, desto mehr Fragezeichen tauchten auf: *Warum lassen sich derart fähige Frauen so sehr stressen? Warum wollen sie immer allen Ansprüchen genügen? Und wie sind sie zu diesen hohen, offensichtlich zu hohen Erwartungen an sich selbst gekommen? Wieso quälen sie sich so damit?* Immerhin folgte daraus eine erste Handlungsanleitung an mich: Wie können die Ansprüche berufstätiger Mütter wieder heruntergeschraubt werden?

Diese Fährte wollte ich unbedingt weiterverfolgen. Ich brannte förmlich auf das nächste Seminar – und war so gespannt wie nie zuvor. Vorgenommen hatte ich mir nur, alle vorgefertigten Meinungen und Glaubenssätze auszublenden. Mein Handeln wollte ich nicht nach starrem Konzept strukturieren, sondern mich zunächst komplett auf die Bedürfnisse und Wünsche der Teilnehmer einlassen. Und ich wollte offen sein für unerwartete Wendungen.

Heute bin ich froh über mein vorschnelles Ja damals am Telefon. Auf das Pilotprojekt folgten weitere Seminare mit Frauen, später auch mit Männern. Die Teilnehmer haben mir die Augen geöffnet. Es war gut, mein vermeintliches Wissen eine Zeit lang auszublenden. So wurde mir allmählich klar: Was die Fachwelt bislang über Burnout sagte, leuchtete nur einen Teil des Problems aus. Schon die Definition des Syndroms schien mir nun fragwürdig zu sein.

Vorurteil Nr. 2: Nur wer im Arbeitsleben steht, bekommt Burnout

Wer hat schon von Hausfrauen, Studenten oder Rentnern mit Burnout gehört? Diese Berufsgruppen können höchstens depressiv werden. Wenn eine Hausfrau zum Arzt geht, weil sie nicht mehr weiterweiß, lautet die Diagnose „Depression" oder „tiefe Erschöpfung".

Man weiß doch: Vom Burnout betroffen sind Berufstätige, meist in hohen Positionen, deren berufliche Belastung so groß ist, dass sie irgendwann dem Druck nicht mehr standhalten können. Zeitnot, große Arbeitsbelastung, wachsende Komplexität der Arbeitsabläufe und Verwaltungszwänge: Das sind die Parameter, auf die Ärzte und Psychologen ein Burnout zurückführen. Seit das Syndrom 1974 erkannt und wissenschaftlich erfasst wurde, war diese Annahme in Fachkreisen Konsens. Der Psychoanalytiker Herbert Freudenberger prägte den Begriff, der das Bild des Feuers aufkommen lässt. Es lodert stark, bis die Ressourcen aufgebraucht sind.

Tatsächlich sind die sogenannten Ausbrenner fast immer Menschen, die mit hohem Engagement und Leistungswillen an eine Sache herangehen. Und weil das, was sie machen, stets besonders gut werden soll, erledigen sie viele Aufgaben lieber selbst, anstatt sie anderen zu überlassen. Im Feuer der Begeisterung merken sie nicht, welchen Raubbau sie an ihren Kräften treiben. Sie vergessen, dass Ressourcen nachwachsen müssen, das heißt, Hege und Pflege und vor allem Zeit brauchen. Aber kann dieser Mechanismus nur im Berufsleben auftreten? Davon wurde und wird immer noch ausgegangen. Dass Burnout nur Berufstätige treffen kann, ist für die Fachöffentlichkeit so etwas wie ein Axiom, das von Natur aus keines Beweises mehr bedarf.

An diesem Grundsatz habe auch ich nie gezweifelt. Bis eines Tages eine Teilnehmerin erzählte, dass die Elternzeit für sie die stressigste Zeit überhaupt gewesen sei. Nicht der Job, sondern das Jahr allein zu Hause habe sie nicht ertragen. Und sie war keineswegs die Einzige, die diese Erfahrung gemacht hatte.

Schon nach den ersten Seminarrunden hatte sich bestätigt, dass die Frauen an ihren hohen Ansprüchen leiden. Deshalb wollte ich herausfinden, wie sie Erziehung und Arbeitsalltag unter einen Hut bringen. Statt aber die Schwierigkeiten zu beschreiben, die durch die Doppelbelastung entstehen, begann eine Teilnehmerin, nennen wir sie Ilka, von ihrer Elternzeit zu erzählen. Einen Moment lang dachte ich: *Nun geht sie am Thema vorbei.* Aber als ich merkte, wie gebannt die anderen zuhörten, ließ ich mich auf die Geschichte ein.

„Karriere *und* Kinder, das war schon immer klar …

Mein Mann Hinnerk und ich haben uns schon zu Studienzeiten vorgenommen, bald Kinder zu bekommen: Wir wollten die Familienphase schnell durchziehen. Damals habe ich nicht geahnt, was für ein Kraftakt das ist. Meine Anna ist gerade zwei geworden und ich arbeite seit einem Jahr wieder. Aber seitdem ich wieder berufstätig bin, fällt es mir sogar leichter, mit ihr umzugehen, als während der Elternzeit. Anna war ein Schreikind, sie schläft bis heute kaum eine Nacht durch. Die ersten zwölf Monate nach der Geburt war ich nur gerädert, ich konnte nächtelang nicht zur Ruhe kommen. Und immer, wenn ich mich aufgerafft hatte, sie zu beruhigen, fing sie nach wenigen Minuten von Neuem an. Und gerade in dieser Zeit hat Hinnerk besonders viel gearbeitet. Er musste ja das fehlende Einkommen kompensieren. Wer durfte sich also allein um das Baby kümmern? Manchmal wünschte ich mir, ich wäre ein Mann, der morgens aus dem Haus gehen kann … Ich fühlte mich so angebunden und ausgeliefert."

Ilka legte eine Pause ein, blickte etwas verunsichert in die Runde, bevor sie fortfuhr: „Um ehrlich zu sein … nach einem halben Jahr fand ich bereits das Windelnwechseln so anstrengend, dass ich es nur gemacht habe, wenn es wirklich nicht mehr anders ging. Ich musste schon für Kleinigkeiten Wahnsinnskräfte mobilisieren, ich musste mich aufraffen, nur um die Waschmaschine zu füllen. Einmal bin ich aus der Dusche gekommen und habe am ganzen Körper gezittert, es wollte gar kein Ende mehr nehmen. Aus dem Nichts heraus. Das machte mir wirklich Angst … Gut, dass ich jetzt wieder arbeiten gehen kann. Ich mag Kinder, aber das ausschließliche Leben mit dem Kleinkind war nichts für mich."

Es war ein hoch emotionaler Moment: Viele Teilnehmerinnen identifizierten sich sofort mit der Mutter. Sie erzählten, dass es ihnen damals mit ihrem Baby ganz ähnlich ergangen sei. Es habe ihnen nicht gutgetan, den ganzen Tag mit dem Kind und dem Haushalt allein zu sein. Sie fühlten sich oft schwach und seien schon wegen Lappalien in Tränen ausgebrochen.

Belastende Erfahrungen, mit denen sie bislang offensichtlich allein waren. Es wirkte ungemein befreiend für die Frauen, davon berichten zu können – und sofort verstanden zu werden. Für mich war es eine besonders interessante Phase des Seminars. Das Thema lautete doch Work-Life-Balance: Wie bringe ich Beruf und Familie unter einen Hut? Und statt über diesen Spagat zu reden, versteiften sich mehrere Teilnehmerinnen ausgerechnet auf die Zeit, in der sie nur zu Hause gewesen waren.

Was sie erzählten, kam mir bekannt vor. Phasenweise aus eigener Erfahrung, vor allem aber aus meiner Arbeit mit stressgeplagten Müttern. Beim Beispiel mit der Waschmaschine hatte ich geradezu ein Déjà-vu: Genau über diesen Horror vor alltäglichen Handgriffen hatte eine ganze Reihe von Frauen geklagt. Allen gemeinsam war, dass sie stark erschöpft waren, auch wenn sie nur mit dem Kind oder den Kindern allein zu Hause waren. Immer für alles bereit sein, einkaufen, kochen, den Hausmeister anrufen, für Mutter einen neuen Staubsauger bei eBay ersteigern, Wäsche waschen, Geburtstagsgeschenk für die Nachbarin besorgen, Staub wischen, aufräumen – das waren nur einige der Tätigkeiten, die dazu führten, dass diesen Frauen schon bei der „Tagesschau“ die Augen zufielen. Sie waren immer gefordert, hatten wenig Pausen und waren für alles verantwortlich. Und im Gegenzug gab es weder ein Gehalt noch eine andere Form der Anerkennung: Es schien selbstverständlich zu sein, den Alltag zu bewältigen und diese undankbare Arbeit zu verrichten.

Von diesen Klientinnen erfuhr ich, dass das Hausfrauen-Dasein sogar noch frustrierender als der Job sein kann. Denn im Gegensatz zum Job werden zu Hause nur selten lang anhaltende Ergebnisse erzielt. Kaum ist die Küche geputzt, hat das Kind wieder die Milchflasche umgestoßen. Sind die Hausaufgaben endlich gemacht und die Schulranzen gerichtet, startet der Kampf ums Zubettgehen. Wie kann man Halbwüchsigen erklären, dass ein großer Online-Freundeskreis nur die halbe Miete ist? Und warum sie, bitteschön, um zehn Uhr zu Hause sein müssen, ja, auch am Wochenende! Die Erziehung der Kinder ist die viel größere Herausforderung. Denn hier kommen die Mütter mit ihrer Tatkraft und Zielorientierung nicht so voran, wie sie es im Beruf gewohnt sind. Ihrem Baby zum zwanzigsten Mal den dreckigen Schlüsselbund aus dem Mund nehmen – das treibt perfektionistische, leistungsorientierte Frauen in den Wahnsinn.

Die Ähnlichkeiten zwischen den Symptomen der Seminarteilnehmerinnen und jenen meiner ehemaligen Klientinnen sind unverkennbar. Und ich denke, wenn meine Seminarteilnehmerinnen Burnout-gefährdet sind, dann müssen es auch all die Hausfrauen gewesen sein, die in meine Praxis kamen. Schließlich hatten sie genau die gleichen Symptome. Auch wenn bei ihnen „nur" eine Erschöpfungsdepression diagnostiziert wurde. Sicherlich ist der Druck am Arbeitsplatz groß, das will ich gar nicht abstreiten. Aber warum gehen wir eigentlich davon aus, dass nur Menschen, die mitten im Arbeitsleben stehen, ausbrennen können?

Vorurteil Nr. 3: Stress, Zeitnot und ständige Erreichbarkeit sind schuld am Burnout

In allen Definitionen der Krankheit heißt es, die Ursache für Burnout liege in der Verdichtung der Arbeitswelt. So steht es geschrieben, so wird es gelehrt, und nach diesem Prinzip werden unsere Patienten behandelt. Die Menschen brennen also aus, weil sie immer mehr Arbeit in immer kürzerer Zeit leisten müssen, weil Fehler und menschliche Schwächen Tabus geworden sind. Weil die hohen Anforderungen an die Effizienz und die Ergebnisse der Mitarbeiter mit zunehmendem Controlling in allen Bereichen einhergeht. Der Anteil an Verwaltungsarbeit nimmt zu, immer mehr Vorgänge müssen verschriftet werden. Dazu kommt der Sicherheitswahn, Mails in Kopie an viele andere Personen zu schicken, was die Informationsflut weiter erhöht, rasche Antworten fordert und Tagespläne obsolet werden lässt. Denn wenn nur noch reagiert wird, geht das Gefühl verloren, selbst über die eigene Zeit zu bestimmen.

Viele können sich kaum noch konzentrieren, weil ständig Teamkollegen hereinschneien oder das Telefon nicht aufhört zu klingeln. Eine tiefere Beschäftigung mit einem Thema und ein damit verbundenes Erfolgserlebnis sind so kaum noch möglich.

Burnout-Patienten klagen über all diese Phänomene, und die sind real. Aber ich sehe eine weitere Unstimmigkeit im vorliegenden Puzzle: Wenn die Chefs auf die Tube drücken, der Kommunikationsdruck die Mitarbeiter überfordert und die gesamte Arbeitswelt Kopf steht: Warum brennen nicht alle aus? Die Verdichtung der Arbeitswelt ist sicherlich ein Phänomen, das um sich greift. Aber die Handballerin Inga erleidet ein Burnout, andere Spitzensportlerinnen jedoch nicht. Wenn berufstätige Mütter überlastet sind, wieso lässt der Arbeitsdruck die Ministerin und die PR-Frau des Großverlages unberührt?

Ist Stress im Job wirklich der Auslöser für Burnout? Auch in der Geschichte gab es immer Zeiten, in denen die Menschen viel arbeiten mussten. Nach dem Krieg waren viele Tag und Nacht mit dem Wiederaufbau beschäftigt. Pausen waren die Ausnahme und Erholung oder gar Freizeit noch Fremdworte. Aber die Menschen hatten trotzdem kein Burnout. Auch heute stehen viele unter hohem Leistungsdruck und fühlen sich dennoch gesund und kraftvoll, gucken abends entspannt Fußball oder kochen. Wir leben in einer Zeit mit unendlich vielen technischen Hilfsmitteln und haben so viel Freizeit, wie sich unsere Großeltern nicht einmal erträumt hätten. Trotzdem: Etwas muss Menschen so erschöpfen, dass sie sich innerlich leer und ausgebrannt fühlen.

Als gemeinsames Merkmal fiel mir aber immer wieder auf, dass die Teilnehmerinnen nicht Nein sagen können. Dass sie sich mehr und mehr aufbürden, bis sie eines Tages zusammenbrechen. Das wurde bei meinen Seminaren und in meiner Coaching-Arbeit bestätigt. Aber wieso?

Wieso gelingt es der erwachsenen Tochter nicht, ihrer Mutter zu sagen, dass sie gerade weder Zeit noch Nerven hat, einen Staubsauger für sie zu ersteigern? Wieso kommt dieser Frau etwas Derartiges nicht einmal in den Sinn? Statt klar zu sagen, dass sie keine Kapazitäten mehr hat, übernimmt sie noch eine weitere Aufgabe. Bis sie am Ende kollabiert. Die gleiche – offensichtlich übertriebene – Hilfsbereitschaft kann ich auch bei den Seminarteilnehmerinnen beobachten.

Jessica, die musikalische Juristin aus meinem Pilotseminar, kam am zweiten Tag zehn Minuten zu spät, sie unterbrach die Morgenrunde mit einer Entschuldigung und überreichte Marion einen Coffee-to-go, bevor sie ablegte und sich setzte. Marion hatte am Vortag geklagt, dass sie bis zur Kaffeepause ihre Augen nicht aufbekommt. Jetzt waren sie weit aufgerissen, allein schon vom Anblick des schwarzen Zaubertrunks. Marion war sprachlos, wie alle anderen auch. Sie hatte nicht einmal um einen Kaffee gebeten, sondern lediglich zum Ausdruck gebracht, dass ihr einer guttun würde. Nette Geste, keine Frage. Aber das Ergebnis: Jessica hatte noch einen weiteren Punkt auf ihrer ohnehin schon vollen To-do-Liste, sie geriet in Hektik und verspätete sich.

Auch im Job haben viele das Gefühl, Überstunden leisten und zusätzliche Aufgaben ganz selbstverständlich übernehmen zu müssen. Damit wollen sie Engagement, Loyalität und Belastbarkeit zeigen. Fast alle Teilnehmerinnen des Seminars gaben an, Angst vor Arbeitslosigkeit zu haben. Aber als wir weiter über diese Ängste diskutierten, stellte sich heraus, dass keine einzige Teilnehmerin finanziellen Druck hatte oder konkret vom Jobverlust bedroht war. Manche waren sogar beamtet und damit nahezu unkündbar.

Ich versuchte hinter diese Geschichten zu sehen und herauszufinden, was sie mir über die Krankheit verraten. Jessica mit ihrem Coffee-to-Go, die gestresste Hausfrau und Mutter aus dem Coaching und die übereifrige Mitarbeiterin mit den zahllosen Überstunden. Kommt der Druck wirklich von außen?

Jessica konnte offensichtlich ihrem inneren Drang, Marion etwas Gutes zu tun, nicht widerstehen. Die Frau aus dem Coaching kam gar nicht auf die Idee, ihrer Mutter zu sagen, dass sie keine Zeit für die Staubsauger-Aktion im Internet hatte. Und nicht zuletzt dachten die meisten meiner Teilnehmerinnen, sie seien gezwungen, sich bei der Arbeit zu verausgaben. Andere würden sich über solch starke Pflichtgefühle wundern. Oder sie würden lauthals lachen. Was für manche einfach dazugehört, ist für andere möglicherweise unerhört. Liegt darin ein Schlüssel? Kann es sein, dass der Druck gar nicht von der Arbeit kommt, ob es nun der Job oder die Hausarbeit ist?

Vorurteil Nr. 4: Nach einer Pause sind Burnout-Patienten wieder auf dem Damm

Wenn Sie die Diagnose Burnout erhalten, schickt der Arzt Sie zunächst in Urlaub oder schreibt Sie eine Zeit lang krank: „Nach einer Pause sind Sie wieder auf dem Damm. Ruhen Sie sich aus, strecken Sie alle viere von sich." Ein geschulter Arzt oder eine Psychologin würde Sie bitten, eine Kosten-Nutzen-Analyse Ihrer momentanen Situation zu erstellen. Also zu überlegen, in welche Tätigkeiten Sie viel Energie investieren, aber wenig zurückbekommen, und welche Tätigkeiten Ihnen wiederum Freude bereiten. Dann wird er oder sie Ihnen raten, die Aufgaben, die einen Nutzen versprechen, zu verstärken, unangenehme Arbeiten zu delegieren und sich jeden Tag Zeit für Entspannung zu nehmen.

Das ist nichts Neues. Und es ist im Grunde auch nicht verkehrt. Diese Strategien zur Selbstsorge wende ich für mich persönlich ebenfalls an. Bücher und Zeitschriften empfehlen sie ebenfalls immer wieder. Ratschläge wie „Ruh dich aus!“ oder „Nimm dir Zeit für Yoga oder Sport!“ oder „Fahr doch einmal weg!“ hatten die Teilnehmer schon mehrfach gehört. Anfangs hatten sie das auch versucht. Aber die meisten erkannten schnell, dass diese Pausen nur noch mehr Stress verursachen. Ein verlängertes Wochenende hätte den Druck beispielsweise nur noch mehr erhöht, da die gesamte Arbeit nun schon bis Donnerstag geschafft werden musste. Und wenn das Pensum in so kurzer Zeit nicht zu bewältigen war, musste nach dem Mini-Urlaub schon wieder aufgearbeitet werden. Und selbst wenn sie frei bekommen hätten: Eine Pause allein hätte nichts am Zustand der inneren Leere geändert.

Als ich das hörte, fiel es mir wie Schuppen von den Augen: Natürlich, es darf nicht vergessen werden, dass Burnout ein Zustand der *seelischen* Erschöpfung ist. Damit leuchtet ein, dass körperliche Entspannung allein nicht helfen kann!

Ich muss also tiefer graben, um an die Ebene heranzukommen, auf der sich die Krankheit manifestiert. Dabei fiel mir wieder das Nicht-Nein-Sagen-Können ein. Diese Unfähigkeit war für viele Teilnehmer der Anlass, um sich für das Seminar anzumelden: „Ich möchte ohne schlechtes Gewissen Nein sagen können“ ist eine der häufigsten Erwartungen der Teilnehmerinnen. Männer sagen oft: „Ich will mich wieder spüren.“ Wenn ich solche Aussagen höre, komme ich als Psychotherapeutin nicht umhin, eine Ich-Schwäche zu vermuten – und ich frage mich, wo der Mut zum Widerstand verloren gegangen ist. Widerstand leisten, Nein sagen, steckt tief in uns Menschen drin. Kinder machen dies ganz natürlich. Wenn ein Zweijähriger Nein sagt, liegt darin eine unheimliche Kraft. Warum ist meinen Teilnehmern diese Entschlossenheit abhandengekommen? Warum schaffen sie es nicht, sich von anderen abzugrenzen? Warum setzen sie sich unter Druck, obwohl es gar nicht nötig ist?

Vielleicht ist diese Energie bei ihnen anderswo gebunden? Angenommen, die Ich-Stärke steht nicht frei zur Verfügung: Dann können sie leicht in die Ecke gedrängt werden.

Das Umfeld kann nicht an allem schuld sein. Nicht das ständige Klingeln des Handys und die tausend Fragen der Kollegen sind das Problem, sondern die Tatsache, dass sie es zulassen, gestört zu werden. Sie könnten genauso gut die Tür schließen und das Handy ausschalten. Der Druck und die Verdichtung der Arbeitswelt sind offensichtlich nur ein Symptom des Nicht-Nein-Sagen-Könnens.

Die spannende Frage ist aber: Warum lassen sich diese Personen so vieles gefallen, obwohl es ihnen gegen den Strich geht? Für irgendetwas anderes müssen sie unverhältnismäßig viel Energie aufwenden, die ihnen dann im Alltag fehlt.

Einen Schlüssel zu diesem Geheimnis lieferte Bettina, die Leiterin des Altenheimes aus meinem Pilotprojekt.

Bei der Vorstellungsrunde hatte sie gesagt, sie wolle wieder zu sich finden. Und sie war froh, nur unter Frauen zu sein. Was genau sie damit meinte, verstand ich erst später, als von anderen Gruppen ähnliche Aussagen kamen.

Bettina war die Erste, die ihren Partner ins Spiel brachte. Er würde bei der Familienarbeit nicht mitziehen. Jedes Mal, wenn sie mit Freundinnen abends ausgehen wollte, müsse sie alle Details wie Essen und Zubettgehzeiten vorab organisieren und klären. Selbst einfache Dinge wie den Müll wegzubringen oder die Spülmaschine auszuräumen würde ihr Mann konsequent vergessen – obwohl er Freiberufler sei und häufig von zu Hause aus arbeiten würde.

Das Interessanteste an dieser Geschichte war jedoch wieder nicht ihr Inhalt, sondern wie die anderen Teilnehmerinnen darauf reagierten. Kaum hatte Bettina das Thema eröffnet, überschlugen sich die anderen mit ihren Erfahrungen. Beispielsweise Jessica: „Mein Mann geht frühmorgens aus dem Haus, kommt abends zurück und sieht die Wohnung immer nur aufgeräumt und sauber. Dass die Kinder tagsüber alles verschmieren, was in ihrer Reichweite liegt, dass sie alles verlegen, was sie selbst tragen können, dass sie zwischendurch schreien, weil sie sich stoßen oder streiten, Hunger haben oder einfach sauer sind – das alles kriegt mein Partner nicht mit. Selbst wenn er da ist, hat er keinen Blick für das, was notwendig ist. Er macht nur genau das, was ich ihm auftrage, aus eigenem Antrieb packt er nichts an und übernimmt auch keine Verantwortung."

Viele erzählen ähnliche Geschichten über ihre Beziehungen. „Das Schlimme ist", sagt Inga, „ich habe ja auch den ganzen Tag gearbeitet, danach noch eingekauft und Abendessen gekocht. *Er* kann nicht einkaufen, weil er nie weiß, was fehlt – und wenn er kocht, gibt es vor allem ungesunde Fertigkost. Er schafft es nicht einmal, die Kinder ohne Komplikationen ins Bett zu bekommen. Er weiß nicht, welchem Kind welche Zahnbürste gehört und wo die Spange liegt, er weiß nicht, wo frische Wäsche zu finden ist, er checkt einfach nichts von selbst. Also übernehme ich den Abendservice auch noch, weil ich keine Kraft mehr habe, einen Streit anzufangen." Die Vereinbarungen über die Arbeitsteilung, die viele zu Beginn ihrer Ehe getroffen hatten, scheinen vergessen.

Doch liegt es offenbar weniger an der Unwilligkeit als an der Unfähigkeit der Männer. Aber ist das nur die Schuld der Männer? Oder lassen die Frauen vielleicht gar nicht zu, dass ihnen geholfen wird?

Die sonst so disziplinierten Teilnehmerinnen begannen, sich mit Details zu überbieten. Dieser Ausbruch – so überraschend er auch kam – war von zentraler Bedeutung: Bettina hatte mit ihrer Geschichte einen wunden Punkt getroffen. Und zwar nicht nur den einiger Teilnehmerinnen, sondern den wunden Punkt der gesamten Gruppe. Unmissverständlich hörte man die fehlende Anerkennung und Unterstützung durch den Partner heraus. Das war es, was die Frauen in den Wahnsinn trieb.

Doch war das wirklich der wahre Grund?

Diesen Kampf der Geschlechter konnte ich so nicht stehen lassen. Die Defizite in der familiären Arbeitsteilung sind nicht zu übersehen und tatsächlich gibt es in Deutschland wirklich zu wenige Angebote zur Kinderbetreuung. Aber aus meiner langjährigen Arbeit mit

Paaren wusste ich, dass es immer zwei Seiten einer Medaille gibt.

Automatisch stellte sich mir die Frage: Was würden die Männer dazu sagen? Bei jedem einzelnen Seminar kamen die Teilnehmerinnen an diesen Punkt – sie klagten über die familiäre Arbeitsteilung –, und mit jedem weiteren Seminar wollte ich dringender herausfinden, warum die Männer sich aus dem gemeinsamen Projekt Familie zurückziehen.

Unvorstellbar, dass Bettinas Mann sie nur auflaufen lassen wollte. Er musste einen Grund gehabt haben, keine Entscheidungen zu treffen. Genau wie Jessicas Mann sicherlich nicht grundlos an der Aufgabe scheiterte, die Kinder ins Bett zu bringen. Was ist der Grund für die Erschöpfung der Männer?

Vorurteil Nr. 5: Männer sind Drückeberger – und damit auch schuld am Burnout

Die Frage nach der Sichtweise der anderen Seite brannte mir unter den Nägeln. Da kam mir der Vorschlag der Techniker Krankenkasse gerade recht, das Seminar nun auch für Männer anzubieten. Ich sagte sofort zu.

Wie das Pilotprojekt mit den Frauen war auch das erste Männerseminar ein Experiment. Ich wusste nicht, ob die Männer mitmachen würden, geschweige denn, was dabei herauskommt. Aber ich ging wieder so offen wie möglich in die Seminare hinein. Ich ließ mich auf die Teilnehmer ein und wollte verstehen, was sie im Kern wirklich stresste.

Und tatsächlich: Nachdem es an den ersten beiden Tagen um die Arbeitsverdichtung gegangen war und die Rollen im Job, kamen die Männer etwa in der Mitte der Seminarwoche nach und nach auf das Familienleben zu sprechen – und sie blieben die letzten beiden Tage ausschließlich bei diesem Thema.

Das eine ist nicht von der Hand zu weisen: Die Belastung im Job nimmt zu. Viele leiden unter unklaren Zielen und Aufgaben, unter schlechtem Arbeitsklima oder mangelnder Anerkennung, unter einem schwachen Chef oder fehlender Rückendeckung. Dazu muss heute alles dokumentiert werden, das Controlling sitzt jedem Einzelnen im Nacken: Berichtshefte, Arbeitsdaten, Statistik und Jahresbilanz. Das drückt und frisst Zeit und lenkt von der eigentlichen Arbeit ab, sodass jeder am Ende des Tages mit dem Gefühl nach Hause geht, wieder nur die Hälfte geschafft zu haben. Also ist es doch die Arbeit? Wieder wuchsen die Zweifel. Was ist die Ursache und was die Wirkung? Nach und nach rückten die starken Männer mit den eigentlichen Schwächen heraus: Zu Hause fanden sie sich in der gleichen Stresssituation wieder wie im Job. Nichts machten sie richtig, nichts bekamen sie wunschgemäß hin. Alles war nicht gut genug. Keine Anerkennung für ihre Arbeit und ihren Einsatz. Und die Kontrolle war stark, hier wie da. „Hast du an die feuchten Wischtücher gedacht? Ich hatte dir doch schon hundertmal erklärt, in welche Tonne wir die Bioabfälle werfen! Wieso hat dieses Kind schon wieder die falsche Jacke an? So wird es sich noch erkälten, ohne Schal und Mütze!“

Sobald sie erst einmal Vertrauen gefasst hatten, gingen die Männer schnell ins Detail. Ich hatte befürchtet, dass männliche Akademiker und Führungskräfte weniger kommunikativ sein würden als die Frauen. Doch auch diese Bedenken entpuppten sich schnell als unbegründet: Im Gegenteil, es war ein enormes Bedürfnis nach Austausch da.

Meine Funktion als Gruppenleiterin schien dabei nicht zu stören. Die Teilnehmer sprachen aus der Wir-Perspektive und empfanden es als sehr entlastend, als Männer unter sich zu sein. Jeder schien froh zu erfahren, dass es anderen ähnlich ging. Ein Schlüsselmoment, der sich bei allen Gruppen rasch einstellte – manchmal nach wenigen Stunden, spätestens aber am zweiten Tag in der Morgenrunde.

Alle haben durchaus Stress auf der Arbeit. Das ist selbstverständlich belastend. Aber es ist nur eine Seite. Mindestens genauso belastend ist der Stress im Privaten. Das ist der Ort, an dem die Erwartungen auseinandergehen. Die Männer wollen sich zu Hause erholen, haben aber häufig das Gefühl, ein Minenfeld zu betreten: Auch hier haben sie wenig Handlungsfreiheit, eine starke Kontrolle und kaum Rückendeckung.

Während Männer in früheren Zeiten Abstand und Austausch durch ein Feierabendbier in der Stammkneipe finden konnten, sind die modernen Männer bereit, sofort nach Hause zu eilen und anzutreten. Die Anforderungen zu Hause sind hoch: Die Frauen haben selbst anspruchsvolle Jobs und fordern Beteiligung ein. Die Männer haben jedoch stets das Gefühl, den Anforderungen der Frauen nicht zu genügen.

Der Druck erfolgt subtil. Ein Beispiel: Rainer wollte gerne Aufgaben im Haushalt übernehmen, nachdem seine Frau Lydia eine neue Stelle angetreten hatte. Doch bei jedem Handgriff, den er in der Küche machte, meckerte sie herum: „Die Spülmaschine stellen wir erst an, wenn sie richtig voll ist, sonst zahlen wir uns dumm und dusselig!“ Dabei hätte der freie Platz höchstens für zwei zusätzliche Gläser gereicht. Und auch das nur, wenn man alles umgeschichtet hätte, erzählt Rainer mitgenommen. „Sie könnte auch danke sagen, dass ich das Geschirr einräume und die Maschine anstelle. Stattdessen nörgelt sie herum. Da vergeht mir die Lust, noch etwas im Haus zu machen.“ Wenn er kocht, ist es nicht das Richtige. Wenn er in der Mittagspause auf den Markt geht, wählt er den falschen Stand oder die falsche Gemüsesorte. Selbst das Obst, das er kauft, ist entweder zu reif oder noch zu hart.

Über solche Sticheleien klagen die meisten Männer, die zu meinen Seminaren kommen, egal, wie alt sie sind oder wie lange verheiratet. Es ist auch unabhängig davon, welchen Beruf sie ausüben. Wenn ich nun die Aussagen der beiden Parteien vergleiche, stehe ich zunächst vor einem Paradox: Die Frauen beklagen sich darüber, dass die Männer im Haushalt und bei der Kindererziehung nicht helfen, und die Männer sind frustriert, weil die Frauen sie nicht machen lassen, obwohl sie durchaus willens sind.

Was funktioniert da in der Kommunikation nicht? Die Geschichte eines Managers aus einem meiner letzten Seminare könnte darüber Aufschluss geben: Es ist Freitag und Lukas kommt von der Arbeit direkt nach Hause. Er freut sich auf einen entspannten Abend mit seiner Frau und hat tolle Pläne für das Wochenende. Aber als er die Tür aufschließt, stockt ihm der Atem. Vor ihm steht seine Frau in staubigen Jeans mit der Bohrmaschine in der

Hand. Er ist entgeistert: „Was machst du denn da?" Sie bringe das Regal nun selbst an. Sie habe ein halbes Jahr darauf gewartet, dass er es machen würde, und die Sache jetzt selbst in die Hand genommen. Er ist fassungslos.

Erschüttert fragte er im Seminar die Runde: „Wozu bin ich eigentlich noch von Nutzen? Meine Frau macht alles allein. Worin besteht noch meine Aufgabe?" Die Konsequenz der Frau hat ihn im Kern getroffen. Die anderen Teilnehmer waren voller Verständnis. „Ach, bei dir auch?" Fast jeder hatte bereits erlebt, dass die Frauen sich in solche „Männer-Angelegenheiten" einmischten. Und sie stellten sich die Frage: „Was können wir Männer noch zur Familie beitragen, wenn die Frauen Geld verdienen, Kinder erziehen und jetzt auch noch Möbel bauen?"

Mich hat natürlich interessiert, warum Lukas mit dem Anbringen des Regals so lange gewartet hat. Aber Rainer erklärte: Er fühlte sich von seiner Frau unter Druck gesetzt. Immer wenn er nach Hause kam und sich entspannen wollte, auf eine interessierte Frage oder eine Zärtlichkeit hoffte, warteten bereits die nächsten Aufgaben auf ihn. So stellte sich bei ihm irgendwann das Gefühl ein, nur ein Dienstleister seiner Frau zu sein.

Seine Leistungen für die Familie würden nicht richtig geschätzt, beklagte Lukas. Damit stand er nicht allein: Ein anderer Teilnehmer hatte beispielsweise in mühseliger Kleinarbeit das Bad renoviert, dabei eine schicke Badewanne in Schiffsform entwickelt und die Front liebevoll mit farbigen Mosaiksteinchen ausgelegt. Dazu der Kommentar seiner Partnerin: „Warum hast du so lange gebraucht?" Dass es ihm wichtig war, in seinem eigenen Rhythmus etwas Schönes zu bauen, zählte für seine Frau nicht. Sie sah die Funktion des Bades und wollte es vor allem benutzen können. Nun gut, vielleicht war die Bauzeit von einem guten Jahr dann doch etwas lang gewesen. Aber warum konnten sie nicht offen darüber sprechen?

Für die meisten Teilnehmer stellten die Seminare zur Burnout-Prävention die erste Gelegenheit dar, sich mit anderen Männern über die Schwierigkeiten in der Beziehung zu ihrer Partnerin auszutauschen. Als sie am Ende der Woche gefragt wurden, ob sie die geschlechtsgetrennte Gruppe für die Zukunft befürworten oder lieber gemischte Arbeitsgruppen vorschlagen würden, hätte die Antwort bei Männern und Frauen nicht einstimmiger ausfallen können. Niemand wollte auf die Trennung verzichten. Das Gefühl „Wie schön, dass wir unter uns sind" wirkte auf beide Parteien extrem entlastend. Und zwar bei allen Gruppen, mit denen ich gearbeitet habe.

Was in dieser Konstellation endlich ausgesprochen werden konnte, war die fehlende Anerkennung und Wertschätzung in der Familie. Dass dies tiefe Wunden hinterlässt, steht außer Frage. Aber hat es vielleicht auch etwas mit Burnout zu tun? Und wenn ja, was genau?

Und nun?

Das erste Seminar zur Burnout-Prävention ist jetzt über sechs Jahre her. Mehr als 1.000 Menschen haben mittlerweile an diesem Angebot teilgenommen. Und bereits zwei Mal wurde die Wirkung der Seminare, die in Kooperation mit der Techniker Krankenkasse stattfanden, auf die Teilnehmer untersucht. Unmittelbar nach dem Seminar konnte bereits eine signifikante Verbesserung festgestellt werden: Nach den fünf intensiven Tagen stieg die „Selbstwirksamkeitserwartung“ der Teilnehmer stark an. Das heißt: Fast alle fühlten sich weitaus besser in der Lage, etwas an ihrer Situation zu ändern. Wenn bislang das Gefühl der Hilflosigkeit überwogen hatte, so waren sie nun überzeugt, sie können etwas tun.

Bei einer späteren Evaluation wurde das Programm auf seine Nachhaltigkeit hin überprüft. Befragt wurden nicht nur die Teilnehmer selbst, sondern auch ihre Lebensgefährten. Interessanterweise nahmen auch die Partner noch ein halbes Jahr nach dem Seminar die Veränderung positiv wahr. Ihre Lebensgefährten seien selbstbewusster geworden und verspürten den Drang, ihr Leben zu verändern und aktiv zu gestalten. Auch die Stressresistenz hat sich verbessert: Einige haben sogar ihre Stellen gekündigt und gewechselt. Andere sind auf der Karriereleiter aufgestiegen und trauen sich nun Führungspositionen zu.

Das Ergebnis der Studie hat mich natürlich gefreut. Aber ich habe mich auch gefragt: Warum haben die Seminare eigentlich so gut funktioniert? Selbst eine Intensivveranstaltung ist in der Regel selten so nachhaltig. Was war das Besondere an diesen Seminaren?

Konnte es die Einteilung in geschlechtsgetrennte Gruppen sein? Die Frauen waren fünf Tage nur unter Frauen und konnten ihren ganzen Frust frei äußern. Bei den Männern wiederum herrschte regelrecht Ausnahmezustand: Wann hatten sie sonst die Möglichkeit, sich mit anderen Männern über ihre Belastungen auszutauschen? Die Gelegenheiten sind rar, und ihr Engagement hat gezeigt, wie groß der Gesprächsbedarf ist.

Wie die Studie nachgewiesen hat, ist durch die Seminare die Ich-Stärke gestiegen. Also genau die Kraft, die den Teilnehmern fehlte, um sich abzugrenzen und Nein sagen zu können. Die Tatsache, dass sie unter sich waren, hatte eine enorm befreiende Wirkung auf die Teilnehmer. Es war die Voraussetzung dafür, dass sie sich überhaupt geöffnet haben. Dass sie vom Stress im Job zu dem im Privatleben kommen konnten – zum zweiten Problemfeld, das ebenfalls Stress bereitet. Seien es die Frauen, die von der vermeintlichen Unfähigkeit der Männer genervt sind. Seien es die Männer, die auch zu Hause unter enormem Druck stehen: Hier wie da können die Erwartungen nicht erfüllt werden. Und dann kollidieren enttäuschte Erwartungen mit hohen Ansprüchen.

Von den äußeren Belastungen, die die meisten bereits erkannt hatten, kamen wir zur tiefen Verunsicherung, die im Inneren tobt. Und die scheint mit den Geschlechterrollen zusammenzuhängen: „Was ist eigentlich meine Rolle als Frau? Was ist meine Rolle als Mann?" Wie viel Macho darf er sein? Wie viel Frau darf sie im Job sein? Was heißt das eigentlich heute: Mann zu sein? Oder eben Frau?

Klare Rollenerwartungen vermindern Komplexität. Und damit Stress. Früher gab es keine Diskussion: Die Mutter brachte die Kinder zur Musikschule. Das war ihre Aufgabe. Der Mann schaffte das Geld heran. Klare Vorstellungen. Die nun ins Rutschen gekommen sind und keine Orientierung mehr bieten.

Die bisherigen Lehrmeinungen entpuppen sich als Vorurteile: Bessere Organisation kann Burnout nicht verhindern. Auch Stress, Zeitnot und ständige Erreichbarkeit sind nicht die Ursache. Es braucht nicht einmal die Berufstätigkeit, um auszubrennen. Seit ich immer wieder solche Ergebnisse erhalte, verstärkt sich mein Verdacht: Burnout kommt nicht vom Job. Die Arbeit ist nur der Schauplatz, auf dem die Krankheit sichtbar wird. Der Fehler im System scheint tiefer zu liegen, irgendwo in der Beziehung zwischen Mann und Frau, irgendwo im Selbstverständnis von Mann oder Frau. Dort scheint die Energie gebunden zu werden, die fehlt, um den Alltag zu bewältigen.

Ich vergleiche das gern mit einem Computer: Im Hintergrund läuft ein Programm, das sehr viel Rechenleistung nutzt. Es macht den Rechner langsam und störanfällig, die Pannen häufen sich. Bis der Computer irgendwann abstürzt.

Ich hatte mir fest vorgenommen, herauszufinden, welches rechenintensive Programm da im Falle des Burnout im Hintergrund läuft. Und ich habe es herausgefunden …

Kapitel 2

Wer ausbrennt und wer nicht

Ich wartete auf meine neue Gruppe. Während ich den Raum noch ein wenig herrichtete, trafen nach und nach die ersten Männer ein, grüßten freundlich und suchten sich ihre Plätze. Mir fiel besonders ein etwa 40 Jahre alter Mann auf. Eine auf den ersten Blick vitale Erscheinung, nur bei genauerem Hinsehen erkannte man die Müdigkeit in seinen Augen. Er war sehr gut angezogen – nicht auffällig, aber jemand, der sich auskannte, sah sofort, wie gut sein Sakko geschnitten war und dass das Hemd nicht aus einem Kaufhaus stammte. Mit seiner Ausstrahlung von Autorität, Erfolg und Stil erfüllte er den ganzen Raum. Was hatte der bei mir im Kurs zu suchen?

In der Vorstellungsrunde erzählte er, dass er ein promovierter Ingenieur sei und in der Photovoltaik-Branche arbeite. Er hatte Führungsverantwortung für eine ganze Abteilung und stellte seinem Unternehmen Tag für Tag Bestleistungen zur Verfügung. Aber auch im privaten Bereich war er hochengagiert. Ehrenamtlich arbeitete er bei der Siedlungsvereinigung, er spielte fast konzertreif Klavier und sorgte liebevoll für seine Familie.

Die Zuhörer in der Runde konnten dem Mann ebenso wie ich selbst vom ersten Moment an viele positive Fähigkeiten attestieren: ein ausgeprägtes Organisationstalent, gelassene Weitsicht, gut entwickeltes Selbstbewusstsein sowie das Talent, seine Bedürfnisse und Interessen zu formulieren. Er konnte vorhandene Probleme benennen und sein analytischer Verstand verschloss sich keinem Denkansatz.

Als er von seiner Arbeit berichtete, war es das Übliche: Ärger, Druck, Stress – von allen Seiten zerrte es an ihm. Der lange Anfahrtsweg, die unflexiblen Arbeitszeiten, die endlosen Sitzungen, all das machte ihm zu schaffen. Sein direkter Vorgesetzter fürchtete ihn als Konkurrenten und machte ihm deshalb das Leben schwer. Auch die räumlichen Verhältnisse waren alles andere als optimal. Das Unternehmen wuchs rasant, platzte aus allen Nähten. Obwohl er schon weit oben in der Hierarchie angekommen war, musste er sich seit ein paar Monaten mit vier anderen Managern ein Büro teilen. In dem ständig unruhigen Umfeld konnte er nicht in Ruhe arbeiten, seine nächtlichen Schlafprobleme verschärften die Situation nur noch. Ganz nebenbei erzählte er auch von seiner Familie, den zwei Kindern und dem neuen Haus. „Eigentlich müsste ich mich mehr um meine Familie kümmern", sagte er.

Vor einiger Zeit hatte ihn dann ein Warnschuss auf physischer Ebene aufgeschreckt. Er war allein im Auto auf der Autobahn unterwegs, als er beunruhigende Schmerzen in der Brust spürte. Das Herz raste und stolperte. Ein unkontrollierbares Zittern erfasste seinen ganzen Körper und eine rasch einsetzende Atemnot löste in ihm das Gefühl aus, gleich ersticken zu müssen. Glücklicherweise konnte er noch rechtzeitig anhalten. Erst nach etwa 30 Minuten sah er sich in der Lage, ganz langsam weiterzufahren und die Autobahn zu verlassen. Am selben Tag noch ging er zum Arzt und ließ sich gründlich durchchecken, weil er Sorge hatte, einen leichten Herzinfarkt gehabt zu haben. Doch die Untersuchungen endeten ohne Befund. Autobahnen – und nach Möglichkeit auch das Autofahren – meidet er seither.

Trotz allem war die Stelle bei dem Solarenergie-Unternehmen für den Ingenieur immer noch sein Traumjob und er identifizierte sich in hohem Maße mit seinem Betrieb. Aber er litt darunter, dass er unter den gegebenen Bedingungen nicht das leisten konnte, was er leisten wollte.

Damit wäre die Sache eigentlich erledigt gewesen, die Diagnose klar: Die Arbeit frisst ihn auf, der Chef macht ihn fertig, unter diesen Arbeitsbedingungen kann doch kein Mensch vernünftig arbeiten … Doch ich war misstrauisch. Ich sah einen erschöpften Menschen, der aber augenscheinlich noch vollkommen Herr der Situation war. Oder ließ er uns – unbewusst – nicht in seine Karten gucken und verbarg das eigentliche Problem vor sich selbst und uns? Wieso konnte dieser Mann die Bedingungen in seinem Job so unerschütterlich vorbringen, so glasklar analysieren, so distanziert beschreiben?

Ich fragte ihn genauer nach seiner persönlichen Situation, nach seiner Familie.

Da schluckte der gestandene Manager und senkte den Blick. Ich konnte ihm ansehen, dass ich mit dieser Frage plötzlich an seine emotionale Grenze gestoßen war. Die souveräne Gelassenheit des Mannes war mit einem Mal dahin. „Ich denke den ganzen Tag an meine Familie, doch wenn ich nach Hause komme, bin ich wie ausgebrannt.

Ich kann gar nicht mehr auf meine Kräfte zugreifen", entgegnete er mit belegter Stimme, „die waren doch bis dahin so selbstverständlich da!" Sein Hals wurde zunehmend enger, das Sprechen wurde immer mühsamer. Mit tiefen Atemzügen versuchte er, die Kontrolle über seine Stimme zurückzubekommen. Doch es gelang ihm nicht. Er schaute Hilfe suchend nach oben, wollte dann mit Gesten an seinen Sitznachbarn weitergeben. Es dauerte eine ganze Weile, bis er stückweise und mit längeren Unterbrechungen erzählen konnte, wie es wirklich um ihn stand: Er, der Top-Performer, lebte mit der ständigen Angst, als fürsorglicher Vater und Ehemann zu versagen und seine Familie zu verlieren: „Das zerreißt mich!" Er war am Ende seiner Kräfte.

Was ist hier eigentlich los?, fragte ich mich. *Der Mann macht einen anspruchsvollen Job und verantwortet ein großes Budget – und bricht in Tränen aus, wenn er an Frau und Kinder denkt. Wie ist das zu erklären?* Wenn das eigentliche Problem nicht der Job ist, wo verläuft dann die Grenzlinie zwischen denen, die ausbrennen, und denen, die den komplexen Alltag mühelos meistern? Mit anderen Worten: Wer brennt aus und wer nicht?

Sind es die äußeren Umstände?

Es gibt zahlreiche klassische Erklärungsmodelle für Burnout-Störungen. Der bedeutendste Ansatz stammt von Christina Maslach. Hier wird die Verdichtung der Arbeit als Verursacher des Burnout dingfest gemacht. Gemeinsam mit Susan E. Jackson entwickelte Maslach 1981 das „Maslach Burnout Inventory“ (MBI), das bis heute gängigste Messinstrument zur Erfassung des Burnout-Syndroms. Mithilfe eines Fragebogens werden dabei drei Dimensionen erfasst: emotionale Erschöpfung, Depersonalisation und reduzierte persönliche Leistungsfähigkeit.

Klassisch wird Burnout wie folgt beschrieben: Ein Burnout-Syndrom oder Ausgebranntsein ist ein Zustand ausgesprochener emotionaler Erschöpfung mit reduzierter Leistungsfähigkeit. Es kann als Endzustand einer Entwicklungslinie bezeichnet werden, die mit idealistischer Begeisterung beginnt und über frustrierende Erlebnisse zu Desillusionierung und Apathie, psychosomatischen Erkrankungen und Depression oder Aggressivität und einer erhöhten Suchtgefährdung führt. Burnout gilt demnach nicht als Krankheit mit eindeutigen diagnostischen Kriterien, sondern als eine körperliche, emotionale und geistige Erschöpfung aufgrund beruflicher Überlastung. Also landläufig: Stress, der nicht bewältigt werden kann.

Auslöser für Burnout ist für die Fachwelt demnach die veränderte Arbeitswelt, immer stressiger werdende Jobs mit immer weiter steigenden Belastungen.

Ein anderer oft gehörter Ansatz beschäftigt sich mit den immer unrealistischer werdenden Zeitplänen, die das Berufsleben den Menschen aufzwingt. Zeitnot – Zeitmanagement! Diese Saat fällt bei Burnout-Gefährdeten auf fruchtbaren Boden! Wenn diese Menschen etwas besser machen können, wollen sie das auch. Bei allen ist die Lust da, etwas gut zu machen. Ausbrenner sind leistungsbereit und engagiert. Ich will nicht sagen ehrgeizig, denn Ehrgeiz klingt immer auch nach einer gewissen Skrupellosigkeit, und das passt zu diesen Menschen überhaupt nicht. Die potenziellen Burnout-Kandidaten zeichnet vielmehr ein ausgeprägter Werkstolz aus. Für sie ist wichtig: „Was ich mache, mache ich gut!"

Sie bringen sich mit ihrer ganzen Person ein, mit Verstand, Herz und Hand. Sie können sich emotional nicht distanzieren von dem, was sie machen, können ihren Werkstolz nicht einfach abschalten. Deshalb helfen ihnen auch keine Ratschläge nach dem Schema: „Lass mal fünfe gerade sein und tritt mal etwas kürzer!" Das macht für einen typischen Ausbrenner überhaupt keinen Sinn.

Stattdessen fallen sie auf das fragwürdige Versprechen des Zeitmanagements herein, dass mehr (Frei-)Zeit entsteht, wenn sie ihre Aufgaben effizienter erledigen und somit weniger Zeit dafür benötigen. Doch das ist bekanntermaßen ein Trugschluss: Zum einen endet der Arbeitstag mit Einführung einer effizienteren Methode nicht einfach eine Stunde früher, sondern in die freigeschaufelte Stunde werden neue Aufgaben gepackt. Das heißt, die Arbeit verdichtet sich, damit sie mehr werden kann. Und wer seine Arbeit dichter packt, dem fehlen die wichtigen „Schlendrianpausen": der Plausch mit der Kollegin am Kopierer, der Zwischenstopp in der Teeküche, der Mittagsbummel um den Block, die Blumen-Gieß-Pause.

Effizienzsteigerung macht Spaß und spornt an. Ich kenne das selbst und teilweise schon im ganz Kleinen. Wenn ich für die ganze Familie Erbsen pule, schiebe ich die Schüsseln so lange hin und her, bis ich alle Handgriffe möglichst wirkungsvoll und energiesparend ausführen kann. Diese Zeitersparnis ist toll, doch gleichzeitig droht hier die Verführung: Weil ich es so schnell kann, will ich es auch jetzt immer so schnell schaffen. Und weil ich es heute so schnell geschafft habe, schaffe ich es morgen noch schneller. Dieses Bedürfnis, die eigene Leistung immer weiter zu verbessern, ständig zu optimieren, ist meinen Seminarteilnehmern sehr vertraut.

Ausbrenner sind leistungsbewusst und wollen mehr leisten, wenn sie können. Das macht ihnen Spaß. So wird die Zeit immer mehr verdichtet, das Tempo wird erhöht, bis eine Vollbremsung gar nicht mehr möglich ist. Aber wozu das Tempo?

Denken Sie an eine lange Autofahrt: Wenn ich mich dazu entscheide, dem interessanten Radiobeitrag in Ruhe lauschen zu wollen und deshalb in gemäßigtem Tempo auf der rechten Spur fahre, komme ich eventuell eine Stunde später an als mein dynamisch fahrender Kollege. Aber wer nun eine Stunde gewonnen oder verloren hat, ist lediglich eine Frage der Perspektive.

Hat der Schnelle wirklich eine Stunde gewonnen – oder ist er einfach nur eine Stunde eher da? Und was macht er mit und in dieser Stunde? Ich mit meinem Schneckentempo habe neue Impulse bekommen, weil ich dem Radiobeitrag gut zugehört habe. Und er?

Leistet ein Ingenieur, der die Zeit hat, mitten am Tag eine halbe Stunde aus dem Fenster zu schauen und nachzudenken, automatisch weniger als sein Kollege, der von Besprechung zu Besprechung hetzt?

Die Spur führt also allzu leicht wieder zurück Richtung Job und der Verdichtung der Arbeitswelt mit all ihren Auswirkungen. Und diese Verdichtung ist ja auch wirklich real. Letztendlich ist er ein schöner Gegner: der Job. Und die Lösung scheint dann so einfach zu sein: Die Arbeit weniger verdichten, wieder mehr Luft in den

Alltag einbauen, schon winkt mehr Entspannung, und das Burnout ist verbannt. Doch ist es wirklich so einfach?

Auch die These, dass das Burnout-Syndrom auf die ständig fortschreitende Technisierung zurückzuführen sei, erfreut sich großer Beliebtheit. Alles muss immer schneller gehen und die Tools und Gadgets unserer Informationsgesellschaft machen es möglich.

Dabei wird ein unglaubliches Innovationstempo angeschlagen: Als ich es immer noch nicht geschafft hatte, den Videorekorder ordentlich zu bedienen, da gab es schon die DVD-Player. Noch bevor ich dessen Fernbedienung verstanden hatte, wurde er durch den Festplattenrekorder ersetzt. Mein Telefon hat zahllose Funktionen, die mir wohl auf ewig ein Rätsel bleiben werden – aber ein simples Besetztzeichen bekommt es nicht hin. Immer wieder denken Anrufer, ich sei nicht erreichbar, weil das Freizeichen ins Nirvana geht. Doch meine Motivation, die Bedienungsanleitung zu lesen, wird von der Ahnung gehemmt, dass es wahrscheinlich bald schon wieder eine neue Telefonanlage gibt. Oder wird künftig alles vom Mobiltelefon aus erledigt? Ich habe das Gefühl, nie auf der Höhe der Zeit zu sein, ja, nicht sein zu *können*, weil sich das Rad immer schneller weiterdreht.

Zeitstress, Technikstress und dazu auch noch Druck vom Vorgesetzten: Den Menschen bleibt immer weniger Raum, ihre eigentlichen Aufgaben gut zu erfüllen, weil sie fortwährend belegen und protokollieren, also sich rechtfertigen müssen, dass ihre Zahlen stimmen.

Für den IT-Leiter einer großen Lebensmittelkette war es selbstverständlich, dass er zu Zeiten von Updates oder Neuinstallationen für die Marktleiter rund um die

Uhr erreichbar war. Es lag ihm am Herzen, dass die Logistiksoftware reibungslos lief; er wusste, welche Folgen ein Systemabsturz haben konnte. Er sagte sich, dass der Stress viel geringer war, wenn er erreichbar bliebe, weil er sich sonst in der freien Zeit nur ständig Sorgen machen würde, dass es ein Problem gäbe, von dem er nicht rechtzeitig erfahren würde. Nun hatte aber das Controlling auch in seinem Unternehmen Einzug gehalten, und sein Vorgesetzter verlangte, dass die Rund-um-die-Uhr-Rufbereitschaft ein Ende haben müsse. Die Überstunden seien wirtschaftlich nicht zu rechtfertigen und der Kunde hätte schließlich ein Programm gekauft und keine Komplettbetreuung gebucht. Ab diesem Zeitpunkt begann sich der Stress auf das seelische Gleichgewicht des IT-Managers auszuwirken. Also genau in dem Moment, in dem er das Handy ausschalten musste. Paradox, nicht? Nein, es ist eigentlich nur dann paradox, wenn man die Ursache für Burnout auf der Ebene der Arbeit, also der Tätigkeiten sucht, anstatt auf der seelischen Ebene.

Alles in allem lautet die vorherrschende Meinung, dass Burnout durch äußere Umstände erzeugt werde. Der weit verbreiteten Ansicht nach sind Menschen „Opfer" der modernen Arbeitswelt und ihrer Anforderungen; sie werden durch das hohe Feuer, das um sie herum lodert, in ihrem Job ausgebrannt. Eine Lösung findet sich demzufolge konsequenterweise in der Änderung der äußeren Arbeitsbedingungen. Die klassische These definiert Burnout als Erschöpfungskrankheit, die durch die Arbeit entsteht, als Erschöpfungsdepression, die nicht als endogene Depression angelegt ist, also nicht familiär vorgegeben, sondern eine, die von außen herbeigeführt wird.

Doch meine Zweifel, dass wirklich das Außen schuld sein sollte, wuchsen, je mehr ich mich mit den wahren Geschichten der Ausbrenner beschäftigte.

Wie man ein Opfer wird

Jüngst lernte ich eine Frau kennen, die seit vielen Jahren eine anspruchsvolle und verantwortungsvolle Aufgabe in einer großen Marketingfirma mit vielen wichtigen Kundenkontakten erfüllte. Stets engagiert, sorgte sie als Abteilungsleiterin für das reibungslose Funktionieren ihres relativ kleinen Teams. Ein längerer Urlaub war für sie in den vergangenen Jahren „einfach nicht drin", da immer neue und immer komplexer werdende Aufgaben ihre Anwesenheit unverzichtbar machten – jedenfalls in ihren Augen. Ihr Hauptargument war dabei stets: „Ich kann die anderen doch nicht im Stich lassen!"

Sie wollte – so klein ihre Abteilung auch war – auf keinen Fall das Rädchen sein, das den großen Gesamtbetrieb ins Stocken geraten ließ. Ihr Rädchen sollte laufen wie geschmiert, und das beinhaltete ihrer Ansicht nach den Verzicht auf längere Abwesenheit. Und wenn sie doch mal weg war, hielt sie Kontakt per E-Mail, auch im Urlaub. Schließlich war sie verantwortlich für ihr Team!

Und nun hatte auch noch ein Kollege gekündigt, dessen Position momentan nicht wieder neu besetzt war. Das hieß: noch mehr Arbeit für die Mitarbeiter. Und die von der Führungsebene in Aussicht gestellte Neueinstellung sorgte bei ihr für zusätzliche Sorgenfalten. Schließlich musste der neue Kollege ja erst einmal eingearbeitet werden. Neben dem laufenden Betrieb eine weitere Aufgabe, die in ihren Verantwortungsbereich fiel.

Kurz gesagt: Die Frau ging mittlerweile am Stock. Also gab ich ihr den typischen Standardrat, bevor Schlimmeres passierte: Ich legte ihr sehr deutlich ans Herz, sie müsse endlich eine längere Auszeit planen. Ein Urlaub nicht unter vier Wochen sei unabdingbar, wenn sie ernsthafte gesundheitliche Einschränkungen vermeiden wollte.

Automatisch präsentierte sie mir ihre Liste von Gegenargumenten: „Was machen denn dann die Kollegen? Wie soll die Abteilung denn dann weiterlaufen?"

Doch ich fragte sie, was sie denn glauben würde: Wenn sie von heute auf morgen schwer krank würde, müsste die Firma doch auch ohne sie zurechtkommen. Die Auseinandersetzung mit diesem Ansatz fiel ihr sehr schwer. Sie identifizierte sich so sehr mit ihrem Job! Die Arbeit war ihr Leben. Sie arbeitete gern, und die Aufgaben machten ihr Spaß, Stress hin oder her.

Von außen betrachtet kommen bei dieser Frau die klassischen Erklärungsmodelle eindrucksvoll zum Zuge: Der Druck von außen wird zu groß, der Job lässt sie ausbrennen. Der logische Lösungsansatz: mehr Freizeit, dann ist die schlimmste Gefahr gebannt.

Ich erteilte ihr diesen Ratschlag, jedoch nur halbherzig. Ja, es ist Lehrmeinung. Aber stimmt das überhaupt? Müssen Burnout-Kandidaten nur von der Notwendigkeit einer Pause überzeugt werden, dann ist der halbe Weg schon geschafft?

Ich überlegte gemeinsam mit der erschöpften Abteilungsleiterin, was ihr in einem Urlaub Spaß machen könnte – vielleicht sogar so großen Spaß, dass sie darüber die

E-Mails an die Firma vergessen könnte. Doch die Persönlichkeitsstruktur dieser Burnout-gefährdeten Menschen ist tückisch: Sie nehmen sich vielleicht wirklich einen längeren Urlaub vor, aber dann packen sie die „freie“ Zeit so voll, dass letztendlich nur eine Verlagerung des Problems von der Arbeitszeit in die Freizeit stattfindet, keinesfalls jedoch eine Lösung.

Von ihrer Idee, dass sie, wenn sie schon nach Ägypten fahren würde, neben Pyramiden und Meer in Kairo unbedingt auch spannende Kulturangebote wahrnehmen müsse, konnte ich sie zum Glück abbringen ... Wir erarbeiteten folgende Urlaubslösung: zuerst eine Nil-Kreuzfahrt, dann Aufenthalt in einem Wellness-Hotel am Roten Meer, wo sie am hauseigenen Riff schnorcheln konnte oder auch nicht, ganz wie es ihr gerade gefiel, und wo auch jede Menge anderer Aktivitäten möglich waren. Auf diese Weise hatte sie jede Menge zu tun, und sie lief nicht Gefahr, nur „rumzuhängen“, während die Kollegen daheim alle Hände voll zu tun hatten. Die Vorstellung, zahlreiche sinnliche Wahrnehmungen und Neueindrücke zu bekommen und auch außerhalb der Firma sinnvoll tätig zu sein, entlastete sie endlich. Was sie offenbar brauchte, war eine Form der Entspannung, die viel mehr umfasst als nur den erschöpften Körper.

Ja, Burnout-gefährdete Menschen sind tatsächlich Opfer. Aber sie sind keine Opfer des bösen Chefs, der bösen Kollegen, der bösen Kunden oder des bösen Kapitalismus. Sie tun es selbst und freiwillig – sie werden nicht geopfert, sie opfern sich selbst. Die Frage ist: Warum? Die Antwort liegt im Inneren der Menschen, nicht im Äußeren des Jobs.

Was Werte damit zu tun haben

Ein engagierter und resoluter 45-jähriger Mann arbeitete für eine Stiftung, in der diverse NGO-Projekte in Südamerika betreut werden, beispielsweise um den Bau eines Wasserstaudamms zu verhindern. Der Mann war rund um die Uhr in Gedanken bei seinen Projekten. Er lebte seinen Job, sein Job war sein Leben. Bis er eines Tages zusammenbrach.

In der nachfolgenden Auseinandersetzung mit der eigenen Persönlichkeit und den Verhaltensmustern, die ihn an seine Grenze und darüber hinaus hatten gehen lassen, wurde ihm klar: „Ich habe jede innere Distanz zur Arbeit verloren. Ich identifiziere mich so stark damit, dass ich gar keine Distanz mehr herstellen *kann*."

Auf die Frage, ob er glaube, dass die Menschen in Südamerika, für die er sich stark macht, auch Burnout-Symptome kennen, schüttelte er verwundert den Kopf. Nein, diese Menschen suchten keinen Sinn, wenn sie auf Arbeitssuche waren, sondern einen Broterwerb. Sie nahmen den Job an, der sich ihnen bot – und wenn sie Feierabend hatten, verloren sie keinen Gedanken mehr an die Arbeit. Sie arbeiteten hart und der Job bedeutete vielleicht ihr Überleben – aber nicht ihr Leben.

Menschen, die von einem Burnout betroffen sind, fehlt ein Ausschalter für die Gedanken ans Büro. Oder genauer: ein Anschalter, der den Jobschalter herunterdrückt. Das Burnout-Syndrom erwischt diejenigen, die besonders engagiert sind, ein großes Bedürfnis danach haben, alles, was sie tun, gut und immer besser zu machen. Ich will nicht abwertend klingen, aber man kann aus einer gewissen Perspektive von Opfermenschen sprechen: Sich aufopfern ist für sie das Normalste von der Welt. Es gibt keine Überstunde, die nicht auch noch irgendwie geschafft werden kann. Und wenn der Tag auch noch so lang war: Der Kuchen für den Kindergarten wird in jedem Fall auch noch selbst gebacken, schließlich war das fest zugesagt. Und wenn niemand den ungeliebten Elternvertreterposten übernehmen will, dann opfert sich der Ausbrenner dafür auch noch.

In einem Seminar traf ich eine Hausfrau, die mit ihrem Mann und den zwei halbwüchsigen Kindern in einem hübschen Eigenheim im Speckgürtel Hamburgs lebt. Doch die Bezeichnung „Hausfrau" greift bei ihr definitiv nicht: Bei ihr handelt es sich um eine wahre Familienmanagerin, die einen vielschichtigen und aufreibenden Job hat. Einen Job ohne Gehalt und ohne Anerkennung. Aber dafür einen umso wichtigeren Job.

Als Familienmanagerin legt sie die gleichen Maßstäbe an wie vorher als Führungskraft in ihrem Konzern: Sie will ihre hohen Werte vermitteln, ihre hohen Ziele erreichen und ihre anspruchsvollen Strategien verfolgen. Sie will alles, was sie tut, so gut wie möglich machen. 80 Prozent sind ihr bei Weitem nicht genug.

Da gilt es, sich um die Gesundheit der Familie zu kümmern, um vollwertige Ernährung, die auch noch schmeckt. Die Kinder bekommen Bio-Pausenbrote nach ihren individuellen Vorlieben mit auf den Weg, die Hemden des Partners für die folgende Woche werden am Sonntagnachmittag gebügelt und bereitgehängt, jedes Kind wird seinem Wesen entsprechend gefördert und unterstützt. Kein Instrument, keine Sportart ist zu abwegig, als dass den Kindern der Zugang dazu nicht möglich gemacht werden kann. Das Haus ist immer passend zur Jahreszeit dekoriert, die Wohnung stets gepflegt und gemütlich. Und in allem sieht sie es als ihre wichtigste Aufgabe an, die Harmonie im familiären Gesamtkonzept aufrechtzuerhalten. Sie wägt ab, wann ihr Mann und ihre Kinder mit welchen Problemen konfrontiert werden können, und versucht so, allen Familienmitgliedern den Weg zu ebnen beziehungsweise den Rücken frei zu halten. Sie handelt ebenso, wie sie es auch in ihrer Firma gemacht hat; es handelt sich um eine reine Verschiebung der Situation. Und hier kommt der Druck ja keinesfalls von außen.

Dazu kommt, dass im Familienleben andere Werte gelten als in der Wirtschaft. Im Büro sind Schlitzohrigkeit und Cleverness gern gesehene Eigenschaften, und wenn einmal ein Trick gelingt, mit dem man sich Vorteile verschaffen kann, klopft man sich insgeheim auf die Schulter. Nicht so zu Hause: Hier sind Gerechtigkeit, Ehrlichkeit und Rücksichtnahme gefragt. Der Einzelne sollte nicht die Ellenbogen ausfahren, um seinen Weg zu gehen, sondern sich auch einmal zurücknehmen.

Ganz deutlich wird das Problem, wenn die Familienmanagerin auch noch berufstätig ist. Dann muss sie mit zwei völlig verschiedenen Wertesystemen umgehen. Im Haushalt hält sie die Werte Zuverlässigkeit, Pünktlichkeit, Genauigkeit, Vertrauen hoch, und im Büro muss sie das Leistungsprinzip der Firma verinnerlichen, muss das Tricksen lernen, das Bluffen und dazu einen gesunden Egoismus leben. In diesem Fall ist die Gefahr groß, dass die Werte der Familie auf die Arbeit übertragen und dort verwirklicht werden. Diesen Gegensatz in einen Betrieb hineinzutragen, der auf Gewinn und Leistung ausgerichtet ist, führt genauso zu Konflikten wie die Anwendung des firmentauglichen Leistungsprinzips zu Hause. Wenn nichts mehr funktioniert und die Werte schlicht nicht durchsetzbar sind, kann das die Identität schwächen – welche Werte sind denn nun die richtigen? Wofür stehe ich eigentlich? Wer bin ich denn eigentlich? – Auch spirituelle Werte laufen da womöglich ins Leere.

Diese Konflikte spielen sich tief im Inneren der Persönlichkeit ab. Das Erklärungsmuster, das Burnout-Syndrom komme von außen, greift hier nicht. Es kann nicht sein, dass Überlastung der springende Punkt ist, denn dann hätte ja jeder ein Burnout, der viel arbeitet. Die Spur ins Innere der Identität war die einzige plausible. Ich fragte mich, ob es Muster in der Persönlichkeitsstruktur gibt, die sich bei allen ausbrennenden Menschen ähneln.

Natürlich sind die Menschen alle verschieden, auch die Teilnehmer meiner Seminare. Sie haben ganz unterschiedliche Biografien und agieren in ganz unterschiedlichen Lebenssituationen. Aber in der Tat gab es da einige Persönlichkeitsmerkmale, die sich immer wieder zeigten. Das ist übrigens auch ein Grund, warum die Gruppen so gut funktionieren. Die Teilnehmer verstehen sich gut, weil sie sich ähnlich sind. Und da es sich um Menschen mit hohen Werten und differenzierten Ansichten handelt, können sie bei anderen Menschen trotz unterschiedlicher Berufe und familiärer Situationen und völlig losgelöst von Bildung und biografischem Hintergrund Muster erkennen, die sie bei sich selbst nie entdeckt hätten.

Egal, ob die Ausbrennenden Mütter, Frauen ohne Kinder oder Männer sind: Sie alle sind sich in ihrer

Persönlichkeit erstens sehr ähnlich und können zweitens Denk- und Verhaltensmuster bei den anderen leichter erkennen als bei sich selbst. Und da sie die Werte der anderen sehr schätzen, vollzieht sich die Erkenntnis sehr einfach und schnell.

Doch was genau ist das, was bei allen gleich ist? Ich war von Anfang an bei den Seminaren offen und neugierig. Ich wollte sammeln und schauen. Was kommt mir vertraut vor, wenn Menschen erzählen? Nach und nach entwickelte sich eine Art Profil, das ich auf diese Weise selbst erarbeitet habe, ohne mich von Fachliteratur beeinflussen zu lassen. Bei Fachbüchern ist es letztlich wie beim Spinat, dessen legendär hohe Eisenwerte auch ein Ernährungsautor vom anderen abgeschrieben hatte. Ich wollte meinen Blick lieber unverstellt lassen und mir erst im Lauf der Entwicklung ein eigenes Bild machen. So konnte ich beispielsweise feststellen: Egal, ob ein Teilnehmer vom Kuchenbacken erzählte oder von seinem Engagement im Tennisverein: Ausbrenner arbeiten gern. Sie fühlen sich wohl, wenn sie gefordert sind.

Sehr berührt hat mich die Geschichte einer 48-jährigen Frau, die in einer Behinderteneinrichtung arbeitet. Sie hatte sich für diesen Beruf ganz bewusst entschieden, weil sie hier ihre Werte in hohem Maße erfüllt sah: Ihr lag Menschlichkeit am Herzen, ein liebevolles Miteinander und eine rücksichtsvolle Fürsorge. Die eher unangemessene Bezahlung ihrer zum Teil auch körperlich schweren Tätigkeit hat für sie nie eine Rolle gespielt – sie sah sich in ihrem Tun selbst reich entlohnt. Wenn die Heimbewohner tagelang voller Vorfreude auf einen Zoobesuch ganz aufgeregt waren, wenn sie einem Bandscheibenpatienten die schlimmste Angst nehmen konnte, indem sie ihn zur Therapie begleitete, wenn sie mit einer unglücklich verliebten jungen Frau einen langen Spaziergang machen konnte, an dessen Ende die Tränen versiegt waren – dann schaute sie nicht auf die Überstunden, sondern war einfach glücklich. Sie hatte sich einen Arbeitsplatz gesucht, an dem sie ihre Werte leben konnte.

Doch eine Behinderteneinrichtung kann sich nicht von den wirtschaftlichen Realitäten abkoppeln. Eine solche Einrichtung ist nichts anderes als ein Unternehmen, das Rechnungen und Gehälter von seinen Einnahmen bezahlen muss. Es gibt einen Markt für diese Form von Dienstleistungen, daher muss die Einrichtung konkurrenzfähig sein und die Kosten im Griff behalten. Im Effekt bedeutet das heute, und zwar nicht nur in diesem Haus, sondern überall: Immer weniger Mitarbeiter betreuen immer mehr Menschen, der Betreuungsschlüssel verschlechtert sich stetig, und es gibt immer weniger Spielräume. Die Personaldecke wird immer dünner, Vertretungen werden immer seltener möglich. Supervisionen werden seltener oder entfallen ganz, die Qualität der Arbeit sinkt. Es werden weniger Fortbildungen angeboten, jedoch mehr Menschen im Heim aufgenommen. Und der Zoobesuch oder der Einzelspaziergang ist schon längst gestrichen.

All die Dinge, die diese Art von Sinn verleihen – wie das Strahlen der Menschen, die Momente mit Zeit und Ruhe –, das alles fällt weg. Da reduziert sich der Gegenwert der erbrachten Leistung irgendwann nur noch auf den finanziellen Aspekt. Und weil die Arbeit schlicht unverschämt schlecht bezahlt wird, entsteht ein großes, tiefes Motivationsloch. Und trotzdem arbeitet die Frau weiter. Sie sieht sich gezwungen, Werte zu akzeptieren, die ihr Wertesystem eigentlich ausschließt.

Ein weiteres Profilmerkmal war also: Burnout-Kandidaten haben hohe Wertvorstellungen. Sie stehen für Pünktlichkeit, Leistungsbewusstsein, Ehrgeiz, Pflichtbewusstsein, Korrektheit, Engagement, Verlässlichkeit und Bescheidenheit. Sie sind fast nie krank und greifen eher zum Aspirin als zur Krankschreibung. An die Qualität ihrer Arbeitsergebnisse und ihre Leistungen, also Ergebnisse pro Zeit, haben sie hohe Ansprüche. Bisweilen vertreten sie auch hohe spirituelle und ethische Werte – deshalb macht Burnout auch vor kirchlichen Einrichtungen nicht halt. Und Burnout-gefährdete Menschen kämpfen ständig mit Wertekonflikten.

Gegen wen richten sich ihre hohen Ansprüche? Können diese persönlichen Eigenschaften Auslöser für das Burnout-Syndrom sein?

Ich leiste, also bin ich

Ein anderes Beispiel brachte mich hier weiter: Eine Richterin an einem Hamburger Verwaltungsgericht teilt sich den Haushalt und die Kinderfürsorge mit ihrem Mann. Zum Teil steht sie vor großen logistischen Herausforderungen, alle Faktoren angemessen zu berücksichtigen. Um im Job und in der Familie allen gerecht zu werden, geht sie meistens bis an ihre Leistungs- und Belastungsgrenzen. Doch wenn sie dann beim Elternabend in der Schule der Tochter sitzt und der unliebsame Posten des Elternvertreters besetzt werden soll – da schaut sie nicht wie alle anderen erst einmal betreten zu Boden, in der Hoffnung, der Kelch möge an ihr vorübergehen. Nein, sie meldet sich nach kurzer Schweigepause mitten in dem Spannungsfeld, in dem klar wird, dass sich niemand um den Posten reißt. *Irgendjemand muss es doch machen*, denkt sie. *Bevor es keiner macht, mach ich es.* Sie opfert sich. Und hat prompt ein weiteres Päckchen auf ihren Schultern.

Verstandesmäßig weiß sie zwar, dass sie schon beinahe im roten Bereich ihrer Leistungsfähigkeit angelangt ist und sich weitere Aufgaben gesundheitlich negativ niederschlagen können. Doch auf einer gewissen Ebene sind diese Menschen ratschlags- und erfahrungsresistent. Ich frage mich: Wieso schaffen die Leute es nicht, in diesem Punkt dazuzulernen? Warum nehmen sie auch das siebte Ehrenamt noch an?

Das Problem ist: Menschen, die Gefahr laufen, einen Burnout zu erleiden, definieren sich über ihre Arbeit und ihre Leistung. Sie sind Perfektionisten, die immer 100 Prozent anstreben, wahre Optimierungsenthusiasten. Ihr Motto könnte lauten: „Ich leiste, also bin ich."

Da ihre Identität unmittelbar mit den Ergebnissen zusammenhängt, die sie produzieren, folgt daraus: Nehmen Sie diesen Menschen die Ergebnisse, dann nehmen Sie ihnen ihr Selbst. Immer dann, wenn es für sie unmöglich wird, in ihrem eigenen Sinne gute Leistungen zu erbringen, oder wenn sie durch gut gemeinte Therapievorschläge von der Arbeit abgehalten werden, schrumpft das Ich zusammen.

Die Ich-Stärke kann sich nicht woanders aufladen, und sie muss immer wieder aufs Neue durch Leistung hergestellt werden, das gilt für das Büro ebenso wie für den Tennisverein oder die Familie. Gleichgültig, was die Person auch tut, sie tut es daher immer aus ganzer Kraft, denn es geht immer ums Ganze: um die eigene Existenz.

Besonders Menschen, die nur noch wenig andere Bereiche haben, in denen sie Bestätigung und Zuwendung finden, sind gefährdet. Das erklärt, warum sie auch noch das Amt im Tennisverein und den Elternvertreterposten annehmen. Es sind verzweifelte Versuche, ihre Identität noch an anderen Stellen zu verankern. Letztendlich können sie aber auch dort nicht aus ihrer Haut und arbeiten dann mit der gleichen Einstellung wie im Job.

Eigentlich müssten die Betreffenden einmal eine Pause von der eigenen Identität machen. Doch genau das widerspricht allen Urinstinkten. Diese Menschen geben immer alles. Sie machen im Urlaub auch noch einen Sprachkurs, schauen sich jede Kirche ihres Städtereiseziels an oder wandern den Jakobsweg komplett ab, ohne auch nur einen Meter auszulassen. Wer es mit Burnout-Kandidaten zu tun hat, muss verstehen: Der Leistungsanspruch kommt nicht von außen, sondern aus den Menschen selbst heraus. Und er hört bei der Arbeit nicht auf, ja, er hat primär mit der jeweiligen Arbeit gar nichts zu tun!

Zwei weitere Geschichten fallen mir dazu ein: Eine Controllerin, die während ihrer Arbeit hochkonzentriert den Blick immer aufs Wesentliche zu lenken weiß, die im Job auch mit der nötigen Härte auftreten kann, hat Ärger mit ihren Töchtern. Sie beklagen sich bitter darüber, dass ihre Mutter den Controllerinnen-Blick auch abends nicht ausschalten kann. Sie geht durch die Wohnung und sieht alle unerledigten Aufgaben, mahnt die Erfüllung von anstehenden Pflichten an, meckert über mangelndes Engagement der Kinder im Haushalt. Sie schafft es nicht, einen Puffer zwischen Arbeit und Freizeit zu setzen; sie ist 24 Stunden auf Optimierung gepolt.

Einen anderen Burnout-Kandidaten traf ich in einem meiner Seminare, in dem ich eine Übung machen ließ. Die Aufgabe lautete, Sätze zum Thema „Arbeit" frei assoziativ zu vervollständigen. Regelmäßig höre ich da beispielsweise „Arbeit macht frei" mit dem erschrockenen Zusatz: „Oh, das darf man ja heute nicht mehr sagen!"

Ein sympathischer und offener Mann saß erschüttert vor dem Satz, den er soeben aufgeschrieben hatte: „Ohne Arbeit bist du nichts!" Er blickte in die Runde und ergänzte, dass sein Vater diesen Satz ständig zu ihm gesagt hatte. Und dass er jetzt erst merkte, wie tief dieser Satz ihn traf. Die Aussage des Vaters hatte eine immense Relevanz für ihn.

Nun erweiterte ich die Aufgabenstellung und forderte die Teilnehmer auf, „ihren" Satz zu verändern. Beispielsweise könnte aus der Assoziation „Erst die Arbeit und dann das Vergnügen" die Erkenntnis resultieren, dass es sich hierbei um eine Milchmädchenrechnung handelt: Die Arbeit endet nie, ist eine Aufgabe erledigt, warten zahllose weitere. So könnte der neue, geänderte Satz in diesem Fall lauten: „Arbeit und Vergnügen – alles hat seine Zeit. Ich bestimme selbst das Wann und Wie."

Diesem Mann jedoch war es nicht möglich, seinen Satz beziehungsweise den seines Vaters umzuwandeln. Für ihn war klar: „Du musst immer dein Bestes geben!" Deshalb konnte er an der Aussage auch nichts ändern. Der Verdacht liegt nah, dass er als Kind wenig Anerkennung bekommen hat und darum bis heute mit immer mehr und immer besserer Leistung eben genau danach sucht. Das gelernte Denkmuster war: „Leistung gegen Liebe.“ Wenn sie dies schon früh lernen, sind Kinder in ihrer ganz normalen Suche nach Liebe auf schreckliche Weise dazu verurteilt, immer nur zu leisten, zu leisten, zu leisten, um das permanente Liebesdefizit auszugleichen – vergeblich.

Dem Mann dämmerte zumindest rational, in welcher Falle er sich zeitlebens abstrampelte. Er war vollkommen blockiert und der Verzweiflung nah. Und mir dämmerte: *Es geht um Glaubenssätze, die unmittelbar die Identität betreffen, nicht etwa nur um Verhaltensmuster.*

Ich schlug ihm dann als neuen Satz vor: „Ich bin wertvoll, so wie ich bin.“ Auf die Tränen, die dann flossen, war ich gefasst. Und ich war froh darüber, denn die Tränen zeigten, dass wir gemeinsam einen echten Durchbruch erzielt hatten. Er war ein Stück weitergekommen auf dem Weg, sich selbst anzunehmen – und nicht nur seine Leistungen.

Weil die überdimensionierte Leistungsbereitschaft der Burnoutler einer dauerhaften Suche nach Selbstvergewisserung geschuldet ist, erklärt sich, warum es keinen Lebensbereich gibt, in dem der Wille zur Über-Leistung nicht wirkt. Der Drang, das Beste zu leisten, liegt schlicht in der Identität der Menschen begründet. Sie haben keine andere Möglichkeit, sich selbst zu sehen und zu definieren, als allein über ihre Leistungen.

Damit ist klar: Burnout-gefährdete Menschen richten ihre hohen Ansprüche nicht gegen ihre Umgebung – also beispielsweise gegen ihren Arbeitsplatz –, sondern gegen sich selbst. Als ob sie eine Schuld abzutragen hätten, als ob sie nicht gut genug, nicht wertvoll genug wären, so wie sie sind. Als ob es ihnen nicht zustehen würde, Nein zu sagen. Burnout-gefährdete Menschen haben das Gefühl, aus sich selbst heraus zu wenig zu sein – deshalb füllen sie die Identitätslücke mit Tun, Machen, Leisten. Endlich war mir der Mechanismus klar: Die Menschen bekommen einen Burnout, weil das Ich zu schwach ist.

Die Frage ist nur: Warum ist das Ich heute bei so vielen Menschen so schwach?

Kapitel 3

Warum ist das Ich so schwach?

Der Morgen ist hektisch und das Telefon steht nicht still. Sowohl die Auswertung der Fragebögen des gerade beendeten als auch die Vorbereitung auf das kommende Seminar laufen auf Hochtouren. Ich gehe meine Liste durch und stelle fest, dass noch nicht alle Teilnehmerinnen des nächsten Seminars ihre Versicherungsdaten angegeben haben. Ich will die fehlenden Angaben kurz telefonisch abfragen, also suche ich in der Teilnehmerliste nach den angegebenen Telefonnummern – und stutze.

Beim Ausfüllen meiner Anmeldebögen können die zukünftigen Teilnehmer eintragen, wie sie wann am liebsten erreicht werden möchten. Hier können sie Bürozeiten angeben inklusive ihrer dortigen Festnetznummer oder ihre private Nummer mit der Angabe der Zeiten, wann sie daheim für Telefonate zur Verfügung stehen. Zwar bitte ich auch um die Handynummer, aber die ist für den Notfall reserviert. Als mein Blick über die Einträge wandert, fällt mir zum ersten Mal auf, dass die meisten Teilnehmer nur eine einzige Nummer angegeben haben – nämlich eine mobile. Noch dazu häufig ohne Angabe von Zeiten, in denen sie erreichbar sind. In manchen Fällen ist eine Festnetznummer angegeben, allerdings mit dem Hinweis darauf, dass ein Anruf in der Mittagspause oder zum Feierabend auf den mobilen Anschluss umgeleitet wird. Diese Menschen wollen also nichts verpassen und stehen immer und überall für Anrufe beruflicher oder privater Natur zur Verfügung. Die Message ist: Jederzeit ist die richtige Zeit.

Genau so auch bei der Teilnehmerin Anna Meier. In allen Spalten der Liste findet sich nur ihre Handynummer. Also wähle ich diese, schließlich ist es Mittwochnachmittag gegen 15 Uhr, durchaus eine angemessene Zeit für einen offiziellen Anruf. Nach dem ersten Läuten hebt sie etwas atemlos ab. Ich höre sofort, dass sie weder zu Hause noch im Büro ist: laute Hintergrundgeräusche, Stimmengewirr und eine Art Lautsprecherdurchsage sorgen für eine unruhige Gesprächsatmosphäre. Ich bin zwar irritiert, aber meine Frage, ob ich störe, verneint Frau Meier nachdrücklich. Also bitte ich sie um ihre Versichertennummer.

„Oh, das ist jetzt aber ganz schlecht. Ich bin gerade mit der Familie bei ‚Ikea'!"

Eigentlich hätte ich in einer solchen Situation eher erwartet, dass Frau Meier auf meinen Anruf mit einem „Ach, ich hatte ganz vergessen, das Telefon auszuschalten. Kann ich Sie später zurückrufen?" reagiert. Doch auf der anderen Seite der Leitung setzt ein längeres Geraschel ein, dann wiederholt Frau Meier etwas gepresst (wahrscheinlich hat sie sich die Handtasche unter ihr Kinn geklemmt): „Ich glaube, die kann ich Ihnen gerade gar nicht sagen."

Ich beschwichtige sie und mache ihr klar, dass es gar nicht so eilt und dass sie mich gern später zurückrufen kann, um die fehlenden Daten durchzugeben. Doch das

Rascheln nimmt kein Ende. Frau Meier bittet um einen Augenblick Geduld, vielleicht könne sie mir doch helfen. „Warten Sie, ich schaue, ob ich die Versichertenkarte finde …“ Ich höre den Stress aus der Stimme der Frau heraus und versuche noch einmal, das Gespräch auf später zu verschieben, doch Frau Meier hat augenscheinlich ihr Ohr nicht mehr am Telefon.

Scheinbar endlos höre ich nun die Hintergrundgeräusche: schweres Atmen, Klirren und Klimpern, Gesprächsfetzen. „Mama, sollen wir schon mal weiter zur Kinderabteilung gehen?“ und: „Die kleine Jolene möchte aus dem Kinderparadies abgeholt werden.“ Ich stelle mir vor, wie Frau Meier in dem sowieso schon reichlich unentspannten „Ikea“-Gewühl auf dem Bettmodell Malm oder auf dem Stuhlmodell Ingolf sitzt und hektisch in ihrer Handtasche das Unterste zuoberst wühlt, während Mann und Kinder wartend um sie herumstehen. Ich seufze auf. Ein klares „Ich rufe dann später zurück“ hätte mir durchaus gereicht. Dann hätten wir in einer ruhigeren Atmosphäre die Fakten in Ruhe klären können; vielleicht hätte sich sogar noch ein kurzer Plausch über das Seminar ergeben. Auch die Möglichkeit, mein Anliegen auf der Mailbox zu hinterlassen, wäre vollkommen in Ordnung gewesen.

Doch Anna Meier hat das Handy einfach immer an und bearbeitet eingehende Anfragen sofort – ob der Anrufer will oder nicht.

Wenn man sich nicht mehr auf die Basis verlassen kann

Wir alle kennen schleichende Entwicklungen, die sich unbemerkt der Aufmerksamkeit und erst recht der Kontrolle entziehen. In einem geschlossenen Raum mit einer Gruppe von Menschen darin merke ich als Teil der Gruppe nicht, dass die Luft nach und nach immer schlechter wird. Ich werde nur immer müder und unkonzentrierter. Eher schlafe ich über den Arbeitspapieren ein, als dass ich den Drang verspüre, das Fenster zu öffnen. Wenn ich aber von außen in einen Raum eintrete, in dem ein Dutzend Menschen seit Stunden bei geschlossenen Fenstern zusammensitzt, stehe ich vor der verbrauchten Luft wie vor einer Wand und reiße sofort die Fenster auf, um für Frischluft zu sorgen. Oder denken Sie an den Geschmack von Tomaten, der sich über die Jahre hinweg auf Kosten von Wachstumsfreude und EU-konformer Transportfähigkeit immer mehr abgeschwächt hat. Heute finden wir wässrige Tomaten normal. Wer aber im Urlaub auf einer griechischen Insel die Tomaten vom örtlichen Markt genossen hat, dem wird nach seiner Rückkehr der Wassergeschmack der heimischen Supermarkttomaten unangenehm auffallen.

Der Wirtschafts- und Sozialphilosoph Charles B. Handy beschrieb einmal das drastische Experiment mit einem Frosch, den man in heißes Wasser setzt. Das Tier entzieht sich den unangenehmen Temperaturen durch rettende Flucht. Weil er sofort wieder herausspringt, bleibt er nahezu unverletzt. Setzt man ihn aber in angenehm lauwarmes Wasser und erhitzt es dann langsam, verendet der Frosch regungslos. Er hat keine Chance, sich in Sicherheit zu bringen, denn der langsame Temperaturanstieg entgeht seiner Wahrnehmung. Er nimmt wohl Schmerz wahr, kann ihn aber offensichtlich nicht in Zusammenhang mit der Umgebungstemperatur bringen. Wenn er dann endlich bemerkt, dass es ihm zu heiß wird, hat er längst die Kraft verloren, um noch herauszuspringen. Er hat den Absprung im wahrsten Sinne des Wortes verpasst.

Uns Menschen ergeht es allzu oft wie dem Frosch im Kochtopf. Nur steigt um uns herum nicht langsam die Temperatur an, sondern der Stresspegel. Und wir springen nicht!

Ich erinnere mich an eine Seminarteilnehmerin, die in einem Weltkonzern eine verantwortungsvolle Position innehat. Sie erzählte mir, dass sie oft noch spät abends Aufgaben erledigt, die sie tagsüber nicht geschafft hat. Zu Hause habe sie die nötige Ruhe und könne die Mails auch ausführlicher beantworten. Dass sie bis spät in der Nacht an ihrem Rechner saß, war für sie Normalität geworden. Doch eines Nachts war sie dann doch erschrocken: Als sie um 2:46 Uhr eine E-Mail an ihren Vorgesetzten schickte, erhielt sie um 2:51 Uhr seine Antwort. Erst jetzt fing sie an zu ahnen, dass da etwas nicht stimmen konnte. Für einen Außenstehenden war abzusehen, dass sie wie der Frosch im Kochtopf irgendwann gar gekocht sein würde.

Der Effekt, dass eine allmählich ansteigende Arbeitsbelastung vom Betroffenen überhaupt nicht wahrgenommen wird, folgt dem Prinzip der *Shifting Baselines*. Es besagt: Parallel zur Veränderung von Umweltbedingungen verschiebt sich auch die Wahrnehmung des Menschen.

Erstmals hat diesen Vorgang der Fischbiologe Daniel Pauly beschrieben, der sich mit dem zeitlichen Verlauf von Fischpopulationen beschäftigte. Ihm fiel auf, dass alle Fischexperten die Verhältnisse, die sie am Anfang ihrer wissenschaftlichen Laufbahn vorgefunden hatten, automatisch und ohne weitere Hintergedanken als Basis für die Beschreibung der weiteren Entwicklungen nahmen. Pure Gewöhnung.

Diese *Shifting Baselines* finden wir in allen möglichen Lebensbereichen. Ein Arbeiter wird die Verdichtung der Arbeit, die Erhöhung der Schlagfrequenz gar nicht erst wahrnehmen. Die Anforderungen werden so unmerklich angehoben, dass alle mitziehen. Burnout-gefährdeten Menschen macht das zunächst sogar Spaß. Gerade die Lust an Leistung und an Effizienzsteigerung ist es schließlich, die sie auszeichnet. Doch eine Leistungssteigerung lässt sich nicht ins Unendliche ausdehnen. Irgendwann geht zwangsläufig dem Ersten in der Kette die Luft aus. Das erhöht nur noch den Druck auf die Übrigen. Es ist nur eine Frage der Zeit, wann der nächste Dominostein fällt – irgendwann bricht das Ganze zusammen.

Offenbar sind wir gegen die allmähliche Tempoerhöhung machtlos, weil wir sie erst dann wahrnehmen, wenn es schon zu spät ist. Aber warum kommt es überhaupt zur Tempoerhöhung?

Im Tretmühlenmodus

Wenn jeder Sachbearbeiter einer Versicherung normalerweise 300 Kunden zu betreuen hat, ist das eine umfassende Tätigkeit, die ihn ausreichend auslastet. Klar, da ist noch Luft nach oben. Denn wenn ein Kollege mal krank ist, schafft der Sachbearbeiter zur Not auch 500 Kunden. Er ist dann abends zwar ziemlich erledigt, aber auch stolz, es geschafft zu haben. Zum Problem wird dies nur, wenn von jetzt an 500 Fälle die Norm sein sollen. Eine sofortige Erhöhung von 300 auf 500 – da gehen die Leute schnell auf die Barrikaden, die Gewerkschaft erinnert sich an ihren Auftrag und lässt die Muskeln spielen. Aber von 300 auf 320 und ein paar Monate später auf 350 – das nehmen Menschen nicht wahr. Irgendwann werden so tatsächlich 500 Versicherte erreicht. So wird Höchstleistung Standard. Und die Schraube kann immer noch eine weitere halbe Umdrehung angezogen werden.

Wenn wir uns umsehen, sehen wir die Schraubendreher überall am Werk: Tempoerhöhung und Arbeitsverdichtung, wohin wir auch schauen. Geschäftstelefonate werden noch bis zur allerletzten Sekunde am Flughafen geführt. Am Gate sowieso, doch auch im ruckelnden Shuttle-Bus zum Flugzeug, wo man auch ohne Handy am Ohr Mühe hat, sich auf den Beinen zu halten, wird jenseits jeder Privatsphäre auf Teufel komm raus kommuniziert. Erst wenn die Ansage im Flugzeug die weitere Benutzung der elektronischen Medien während des Startens strikt verbietet, wird abgeschaltet. Doch bereits Zehntelsekunden nach Erlöschen der Anschnallzeichen wird der Laptop aufgeklappt und weitergearbeitet.

Vielleicht ist es wie bei einer mehrspännigen Kutsche: Wenn eines der Pferde leicht die Peitsche zu spüren bekommt, läuft es ein wenig schneller. Die anderen Pferde werden mitgezogen und müssen das höhere Tempo mitgehen, denn sie stecken ja im selben Geschirr. Das Grundtempo der Gruppe hat sich erhöht, die etwas schnellere Gangart ist von nun an normal.

Wer nachts E-Mails bearbeitet, beweist sich und den anderen vordergründig seine Leistungsfähigkeit. Doch gleichzeitig zieht er für alle das Tempo an. „Was, der Schmidt hat die Mail gestern Abend um 23 Uhr geschrieben? Dann sollte ich das auch mal machen, sonst denkt noch jemand, ich würde mich nicht voll reinhängen." Also wird sein Kollege sein Mailkonto tunlichst ebenfalls am Abend oder am frühen Morgen checken und möglichst ein paar Mails beantworten – damit die anderen das auch mitbekommen.

Es sind also nicht die E-Mails selbst, die das Tempo beschleunigen, sondern diejenigen, die die Mails praktisch rund um die Uhr umgehend beantworten. Wer schnell antwortet, bewirkt, dass sein Gegenüber ebenfalls umgehend reagiert. Auf diese Weise steht die Form bald über dem Inhalt: Schnell sein heißt gut sein.

Ich persönlich möchte bei dieser Hatz nicht mitmachen. Es ist durchaus schon vorgekommen, dass ich nicht schlafen konnte und tatsächlich nachts oder frühmorgens Mails geschrieben habe. Doch ich habe dann mein E-Mail-Programm so eingestellt, dass die Mails erst zu normalen Bürozeiten versendet wurden.

Während eine erhöhte Tempovorgabe sehr schnell von einer Gruppe aufgenommen wird, klappt das mit der Verlangsamung nicht so gut. Die vor die Kutsche gespannten Pferde werden, wenn sie durch ein Schnalzen mit der Zunge oder mit der Peitsche ein wenig angetrieben wurden, nicht von allein wieder langsamer, sonst müsste der Kutscher ja ständig und ohne Unterlass die Peitsche spielen lassen, um das erhöhte Tempo zu halten.

Beim Menschen funktioniert das genauso. Wenn er in eine schnellere Gangart gezwungen wird, kommt die Kraft von außen, er muss mitlaufen – ob er will oder nicht. Und dann hält er das Tempo. Mit dem Abbremsen ist es dagegen nicht so einfach. Wenn ich abbremsen will, muss ich aktiv dem freien Raum vor mir widerstehen, der durch das höhere Tempo meines Vordermanns entsteht. Eigentlich ganz einfach, so ein Schritt zur Seite. Physisch gesehen hindert uns nichts daran, für ein paar Minuten zwischendurch oder übers Wochenende den Stift hinzulegen, den Laptop zuzuklappen oder die Bürotür zu schließen. Auf psychischer Ebene stellt das schon eher eine Herausforderung dar. Denn um diese Entscheidung überhaupt zu treffen, müssen die Prioritäten geklärt sein. Die Erfahrung lehrt: Wer aus seinem Leben auch nur für eine geringe Zeitspanne Tempo herausnehmen will, braucht dafür den bewussten und konkreten Willen. Am besten organisiert er solche Freiräume schon im Vorfeld.

Ich hatte kürzlich in Süddeutschland zu tun und reiste mit der Bahn aus Hamburg an. Ich war morgens sehr früh aufgestanden, hatte auf der Fahrt noch etliche Mails beantwortet, die Unterlagen für das bevorstehende Seminar sortiert und mich auf jeden Teilnehmer einzeln vorbereitet. Mit meiner Ankunft am Zielort wurde die Anspannung noch stärker: Mehrere Stunden höchste

Konzentration und stete Präsenz fordern ihren Preis. Als ich am Ende des Seminars darauf wartete, dass ich die von den Teilnehmern ausgefüllten Fragebögen wieder einsammeln konnte, kreisten meine Gedanken bereits darum, ob mich das Taxi auch pünktlich zum Bahnhof bringen und ich meinen Zug noch erwischen würde. Ich checkte in Gedanken, ob ich alles eingepackt hatte, fragte mich, wie wohl das Feedback der Teilnehmer ausfallen würde, gab mir selbst das Versprechen, nicht mehr an diesem Wochentag Seminare zu geben, da ich nur sehr ungern meinen Yoga-Kurs verpasste, und schielte immer wieder auf die Uhr. Der ganze Tag war im Dauerlauf an mir vorbeigerast und ich war im Stressmodus. Der ganze Druck hatte sich viel zu lange aufgebaut, als dass ich jetzt einfach hätte runterschalten können.

Als ich dann endlich im letzten ICE dieses Abends saß und er langsam aus dem Bahnhof glitt, ließ mich mein Gedankenkarussell immer noch nicht zur Ruhe kommen. Bis ich die wohltuende Stille im Abteil wahrnahm. Richtig! Ich hatte vollkommen vergessen, dass ich mir für die Rückfahrt einen Platz in einem als Ruhezone ausgewiesenen Wagenteil reserviert hatte. Hier herrschte Handyverbot. Selbst Gespräche unter Sitznachbarn fanden ganz leise statt. Da saß ich nun und hatte sieben Stunden Zugfahrt in völliger Ruhe vor mir – und fand das großartig! Ich spürte förmlich, wie der Druck von mir abfiel und meine Schultermuskulatur sich entspannte. Keine Versuchung, noch schnell die eine oder andere Mail zu beantworten, kein fortgesetzter Termindruck. Ich hätte nun noch etwas Schreibkram erledigen können, doch die Erfahrung dieser Stille hatte den Effekt, dass ich überhaupt nichts mehr tun wollte. „Genug ist genug und heute mache ich gar nichts mehr!“, sagte ich mir und genoss den Augenblick. Vollkommen erholt und frisch kam ich spätnachts in Hamburg an – bereit für den nächsten Tag.

Sollen wir Stress überhaupt vermeiden? Natürlich nicht. Es gibt nämlich Tretmühlen und Hamsterräder. Im täglichen Sprachgebrauch werden beide Geräte leider immer durcheinandergebracht. Dabei ist das eine ein Sportgerät und das andere geradezu ein Folterinstrument. Eine Tretmühle sieht aus wie ein großes Mühlrad, das durch Wasserkraft angetrieben wird. Das Dumme ist nur, dass an den Stellen, an denen es gebaut wurde, kein Wasser als Antriebskraft zur Verfügung stand. Dafür aber Strafgefangene sowie Vagabunden und Bettler, die von der Straße aufgelesen wurden. Sie wurden zu mehreren nebeneinander in ein Gestell über der Tretmühle getrieben, manchmal sogar dort angekettet, und mussten den ganzen Tag lang mit ihren Füßen die Sprossen treten und so das Mühlrad antreiben. Verletzungen waren nicht selten: Wenn einer von ihnen sich vor Erschöpfung nicht mehr halten konnte, kam er buchstäblich unters Rad.

Ein Hamsterrad dagegen ist etwas Tolles: Es ist ein Sportgerät, sozusagen ein Laufband, in das der Hamster ganz nach Belieben ein- und aussteigen kann. Wenn ihm langweilig ist, wenn er schnell sein will, wenn er leisten will, rennt er im Rad, bis die Speichen krachen. Wenn er genug hat und eine Pause braucht, hungrig oder durstig ist, steigt er aus und überlässt das Rad sich selbst. Von Tierquälerei kann also nicht die Rede sein. Ganz im Gegenteil: Ein Hamster in einem Käfig ohne Laufrad würde gravierende Verhaltensstörungen entwickeln.

Wenn ein Hamster schon von Menschen gehalten werden soll, dann wenigstens mit Hamsterrad! Es gibt mittlerweile sogar Prachtexemplare mit Kugellager und bienenwachsbehandelter Lauffläche …

Das Merkwürdige: Viele Menschen glauben sich in dem Folterinstrument einer sich immer schneller drehenden Tretmühle angekettet, dabei laufen sie in einem Hamsterrad, dessen Geschwindigkeit sie selbst bestimmen und das sie frei und jederzeit verlassen können. Sie erkennen nicht, dass sie bremsen, aussteigen, einsteigen, beschleunigen können, ganz wie sie es wollen. Wie kommt es nur, dass sie aufgehört haben, über ihr Leben selbst zu bestimmen?

Wie man Ja zum Neinsagen lernt

Die promovierte Kommunikationswissenschaftlerin Miriam Meckel schrieb 2007 ihr vielbeachtetes Buch „Das Glück der Unerreichbarkeit – Wege aus der Kommunikationsfalle“. Darin gibt sie viele gute Tipps, wie man aus dieser Falle herauskommt. Zwei ihrer Grundansichten lauteten: „Wer technisch angeschlossen ist, ist nicht zwangsläufig auch sozial angebunden“ und: „Wer immer erreichbar ist, ist eigentlich für nichts und niemanden wirklich da.“

Miriam Meckel forderte in diesem Buch ausdrücklich: Die Arbeit hat in der Freizeit nichts zu suchen. Im Zeitalter von Handys, E-Mail und Internet plädierte sie für ein bewusstes Abschalten der digitalen Zeitdiebe, die unser Leben ungefragt bestimmen.

Endlich jemand, der die Dinge beim Namen nannte und der Arbeitsverdichtung den Kampf ansagte! Frau Meckel wurde von Talkshow zu Talkshow gereicht, hämmerte auf allen Kanälen den Menschen ein, endlich auch einmal Nein zu sagen. Sie machte den Lesern und Zuschauern bewusst, wie gefährlich die Anforderung an die eigene Person sei, jederzeit und überall zur Verfügung zu stehen.

Kurze Zeit später erlitt sie einen Zusammenbruch.

In dem 2010 erschienenen Buch „Brief an mein Leben" beschreibt sie den Moment, der bei ihr den Burnout auslöste. Es war kein besonderes Erlebnis, sondern eine ganz alltägliche Szene: Sie saß mit ihrer Lebensgefährtin Anne Will im Hotelzimmer und packte ihren Koffer für die nächsten Tage. Der Terminkalender war wie immer prall gefüllt. Also Outfit für den Vortrag auf einer Konferenz, für eine Party am Abend und für den Sport – jetzt nur nichts vergessen! Gleichzeitig ließ sie ihren Rechner hochfahren. Sie sah die Flut von E-Mails, die da auf Beantwortung und Bearbeitung warteten. Und da passierte es: Ihr Körper zog die Notbremse. Sie klappte zusammen. Nichts ging mehr.

Ich kenne Frau Meckel nicht persönlich, doch aufgrund meiner Erfahrung mit Burnout-gefährdeten Menschen interpretiere ich ihre Geschichte so: Der hochintelligenten und viel beschäftigten Frau ist es sicherlich immer wieder einmal gelungen, ihre eigenen Ratschläge zu befolgen und das Handy auch auszuschalten. Doch der Anspruch, alle Erwartungen zu erfüllen, war geblieben. So lief sie in dem hohen Tempo, das ihr der Medienzirkus vorgab. Frau Meckel hatte es nicht geschafft, ausreichend viele der zahlreichen Anfragen abzulehnen.

Ist es nicht erstaunlich, dass jemand, der rational erkannt hat, dass jeder Mensch dringend seine Freiräume braucht und dem die Mechanismen vollkommen klar sind, trotzdem nicht in der Lage ist, sich zu schützen? Das Wissen darum, dass man Nein sagen muss, reicht offenbar nicht. Auch auf diesem Feld ist es möglich, die Theorie zu beherrschen und trotzdem in der Praxis das Falsche zu tun. Was ist nur so schwierig daran, Nein zu sagen?

„Wenn ich zaubern könnte, möchte ich Nein sagen können, ohne ein schlechtes Gewissen zu haben" – das höre ich in Seminaren und Gesprächen immer wieder. Bei Burnout-gefährdeten Menschen kommt es zu einer Güterabwägung. Und das Ergebnis lautet in der Regel: „Wegen der notwendigen Überstunden keinen Feierabend zu haben ist besser als ein schlechtes Gewissen, weil ich Nein gesagt habe."

Wenn sie Nein sagen, bleiben sie hinter ihren hohen Ansprüchen zurück. Und wenn ihre Ziele und Werte demzufolge nicht eingehalten werden, bekommen sie ein schlechtes Gewissen. Ihre Identität scheint damit verknüpft zu sein, Ja zu sagen. Womit sie sich unaufhaltsam von der eigenen Mitte entfernen.

Ich kenne einen Mann, der mit seinen knapp zwei Metern Körpergröße, breiten Schultern und athletischem Körperbau bei jedem einen bleibenden Eindruck hinterlässt. Sein kräftiger Händedruck und seine feste Stimme vermitteln Stärke. Dieser Hüne, der in seinem Unternehmen eine führende Managerposition bekleidet und der für mehrere hundert Mitarbeiter verantwortlich ist, wird regelmäßig von einer ganz winzigen Person ausgespielt:

seiner kleinen Tochter, die ihn mit ihrem deutlichen Nein völlig aus dem Konzept bringen kann. Er beneidet die Zweijährige um ihre Fähigkeit, den Wünschen und Vorgaben anderer eine klare Absage zu erteilen.

„Bitte zieh jetzt deinen Schlafanzug an." – „Nein."

„Lass uns jetzt weiter zu den Ziegen gehen." – „Nein."

„Gibst du mir eines deiner Gummibärchen ab?" – „Nein."

Er selbst schafft das nicht. Ich frage mich: Warum haben erwachsene Menschen das selbstverständliche Nein des Kindes nicht mehr? Und warum können sie nicht mit dem Nein umgehen?

Das Neinsagen lernt man in den intensiven Zeiten der Ich-Bildung, also in der Kleinkind-Phase sowie in der Pubertät. In diesen Phasen ist die Persönlichkeit noch in der Lage, klare Grenzen zu ziehen. Wenn sich das Kind in der Trotzphase befindet, leitet das Nein die Loslösung von den Eltern ein. Gerade dann, wenn das Nein zum Lebensprogramm wird, strahlt das Kind eine intensive Lust am Ich aus. Das geschieht in dem tiefen Bewusstsein des kleinen Menschen, nicht aus der Gemeinschaft herausfallen zu können. Es weiß: Das Nein wird die Eltern nicht vertreiben, sie werden es nicht zurücklassen – auch wenn sie das nach einem Wutanfall des Zöglings im Supermarkt schon einmal ankündigen. Das Kind weiß unbewusst: „Ich bin nicht verloren, die Gemeinschaft trägt mich und respektiert meinen Widerstand."

In der Pubertät zieht das Nein die Grenze zwischen Kindheit und Erwachsenenleben. In dieser Lebensphase geht es in Richtung Rebellion, und die Reaktion der Umwelt ist nicht mehr durch die bedingungslose Fürsorge, wie sie ein Kleinkind für sich beanspruchen darf, abgepuffert. Nun geht der Neinsager immer das Risiko ein, Stress mit seinen Eltern zu bekommen, zu weit zu gehen. Mitunter wird dieses Spiel bis hin zur Selbstverletzung getrieben. Doch nur so lernen die Jugendlichen: „Das bin ich. Und das bin ich nicht.“ Sie lernen Zu- und Einordnungen und bauen ihr eigenes Wertesystem auf.

Meine Teilnehmer frage ich immer wieder: „Wie warst du als Junge? Wie warst du als Mädchen? Hast du rebelliert, dich aufgelehnt?“ Die Antwort ist meistens ein ratloses Kopfschütteln. Die Menschen, die meine Kurse besuchen, haben oft die Nein-Phase in der Pubertät ausgelassen. Sie haben in dieser wichtigen Zeit ihr Nein nicht geübt. Das kann verschiedene Gründe haben; häufig ist es das Gespür für eine Instabilität in der Familie. Betroffene Jugendliche verhalten sich in der Pubertät so, dass das fragile Familiensystem nicht auseinanderbricht.

Mir fällt da ein junger Mann ein, der mit 22 Jahren schon seinen Doktortitel in der Tasche hatte. Er hatte so viel erreicht in seinem Leben, er wusste schon so viel, aber dennoch schaffte er es nicht, mit diesem kleinen Wort Nein auch mal in sich selbst für Ruhe zu sorgen und den Druck zu reduzieren. Ich fragte ihn: „Wann hast du dein Nein verloren?“ Er hatte darauf keine Antwort und zuckte hilflos mit den Schultern.

Eine ungelebte Pubertät rächt sich – nicht nur in Bezug auf das Neinsagen, auch auf die Identitätsfindung in der eigenen Geschlechterrolle. Wer die Rebellion in der Jugend auslässt, hat das Nein nicht geübt.

Das Nein stärkt das Ich. Notorisches Ja-Sagen schwächt das Ich.

Eigene Räume

Die junge Frau wirkte erschöpft und ausgebrannt. Sabine Fissler ließ die Schultern hängen und hatte unter ihrer Sommerbräune dunkle Ringe unter den Augen. Dabei kam sie gerade vom Jakobsweg zurück. Auf die Frage, wie denn ihre Zeit in Spanien gewesen sei, leuchteten ihre Augen zwar etwas auf, doch ihr Beitrag war eher matt und lustlos. Ich hatte mit etwas mehr Energie gerechnet, als ich sie in der Seminarrunde begrüßte.

In der Vorstellungsrunde gab sie uns einen Einblick in ihre Biografie. Sabine Fissler wuchs mit drei Geschwistern auf; sie war die Jüngste. Ihre zweitälteste Schwester ertrank als Sechsjährige; fortan prägte latente Trauer das Leben in der Familie. Doch das war nicht der einzige Schicksalsschlag. Schon als sie zur Welt kam, wusste die Familie, dass die Mutter erblinden würde; ihr Augenlicht hatte schon stark nachgelassen. Das kleine Mädchen wuchs in die Rolle der helfenden Hand hinein. Früh war sie dazu verpflichtet, sich um die Mutter zu kümmern, die täglichen Einkäufe zu erledigen und den Haushalt zu führen. An den Wochenenden kochte Sabine für die ganze Familie bis zu zehn verschiedene Mahlzeiten für die ganze Woche vor. Der Vater und die Geschwister konnten sich voll und ganz auf sie verlassen. Nie hat sie aufbegehrt oder ihrer blinden Mutter gesagt: „Wir müssen das anders lösen. Ich habe schließlich auch noch ein Leben."

Als Kind und Jugendliche wuchs sie automatisch in ihre Aufgaben hinein. Die bedingungslose Pflichterfüllung ging ihr in Fleisch und Blut über. Heute war sie über 30 –

und nichts hatte sich geändert. Ihr Vater war mittlerweile im Ruhestand und könnte im Haushalt und mit der Pflege der Mutter helfen, aber in der Familie lief alles so weiter wie bisher.

Sabine hatte nie eine Chance, ein Nein zu formulieren. Das zu Hause gelernte Muster übertrug sich auch auf die anderen Lebensbereiche der jungen Frau. Allen Mitmenschen war klar: „Auf Sabine kann man in allen Lebenslagen zurückgreifen, auf sie ist Verlass – und sie macht immer alles möglich." Doch ihr eigenes Ich, ihre eigenen Wünsche und Bedürfnisse blieben ungehört. Sie selbst kam nie zum Zug.

Wie ist das eigentlich? Sind Menschen, die schon in der Kindheit nicht gelernt haben, Nein zu sagen, bis an ihr Lebensende dazu verdammt, Erfüllungsgehilfen der Wünsche anderer zu sein? Oder können sie das Verpasste zu späterer Zeit nachholen? Die Antwort ist klar und einfach: Auch wenn das Nein nicht geübt wurde – verloren ist es nicht. Es ist nicht ganz leicht, aber man kann jederzeit den Faden wieder aufnehmen und damit anfangen, sich abzugrenzen und das Ich durch ein Nein zu stärken.

Viele Menschen müssen schlicht ihre Pubertät nachholen: Sie müssen rebellieren und Nein sagen lernen. Das geht am besten, indem sie ganz bewusst unangepasste Dinge tun – auch wenn es in der Öffentlichkeit noch so anstößig wirken mag. Ich zeige meinen Teilnehmern, dass bestimmte Dinge auch mit Mitte vierzig möglich sind: etwas Außergewöhnliches anziehen oder sich die Finger in einer schrillen Farbe lackieren. Ein 49-jähriger Unternehmensberater schickte mir kürzlich ein Foto, auf dem er ganz stolz und strahlend mit seinem nagelneuen roten Motorroller posierte, den er sich schon immer gewünscht hatte – ein Lebensgefühl, das an das eines 16-Jährigen anknüpft.

So ein Nein ist für die Umgebung manchmal unangenehm. Wir spüren das und lassen uns dadurch abschrecken. Das Nein wird uns peinlich. Stellen Sie sich eine Dame vor, die in der Konditorei steht. In aller Ruhe sucht sie sich ein Paar Kuchenstücke aus. Vier Stücke liegen schon auf dem Pappteller in der Hand der Verkäuferin. Die Dame zeigt auf die Auslage, nimmt noch ein Stück Mohnstreusel und einen Streifen Bienenstich dazu. Und dann sagt sie: „Ach, ist das da hinten ein Nusskranz? Bitte geben Sie mir doch statt der einzelnen Kuchenstücke einen ganzen Nusskranz!“ In der Regel sind meine Teilnehmer entsetzt, wenn sie sich eine solche Situation vorstellen. Niemals würden sie solche Umstände machen wollen, niemals so viel Aufwand betreiben, damit sie das bekommen, was sie wirklich wollen. Eher gehen sie mit den einzelnen Kuchenstücken nach Hause, als den Nusskranz zu fordern, den sie viel lieber gekauft hätten. Dabei haben wir alle das Recht, für uns zu sorgen – und das gilt nicht nur beim Kuchenkauf.

Erst wenn wir den Mut haben, anders zu sein, kann Abgrenzung gelingen. Erst ein Nein zieht Grenzen. Diese Grenzen sind ein wesentlicher Bestandteil der eigenen Identitätsfindung, denn das Nein schafft Räume und Mauern, die unseren Lebensraum unterteilen. Mauern trennen nämlich nicht nur, sie schützen auch. Sie umschließen Räume, in denen wir geborgen sind und in denen sich unser Ich entspannen kann.

Doch was tun wir? Wir reißen systematisch die Mauern ein! Im Erwachsenenalter zelebrieren wir die Grenzenlosigkeit, eine Art symbiotischer Verbundenheit zu allem. Die Social-Media-Plattform *Facebook*, wo oberflächlich alle mit allen verbunden sind, ist nur ein Beispiel dafür. Es bildet sich ein einziger großer Raum – alles ist eins, Arbeit, Familie, Urlaub, Ikea. Wir leben in einer ständigen Verbundenheit mit der Welt. Alle Daten sind offen zugänglich. Abgrenzungen sind nicht *en vogue*. Das Nein ist aus der Mode geraten. Und die letzten abgetrennten Schutzräume für das Ich laufen Gefahr, aufgebrochen zu werden.

Das Nein befindet sich auf dem Rückzug, denn allerorten wird ein Ja erwartet. Die sich auflösenden Grenzen haben wiederum zur Folge, dass jederzeit und überall dieselben Werte und Muster Gültigkeit erlangen. Gleiche Muster und Werte für alle bedeutet aber auch, dass es kein eigenständiges Ich mehr gibt. Ohne Abgrenzung kein Ich-Bewusstsein, kein Selbst-Verständnis mit dem klaren Gefühl: „Hier ende ich, hier beginnt der andere."

Wenn ich zulasse, dass das Handy überall und zu jeder Zeit klingelt, ist mein ganzes Leben wie ein einziger großer Raum ohne Mauern, und ich kann den Raum somit auch nicht mehr verlassen. Es gibt keinen Ort, der nicht Büro ist. Und keinen Ort, der privat ist. Zeitliche und räumliche Mauern fallen: Ob im Urlaub oder im Feierabend – ich bleibe immer und überall mit allem in Verbindung.

In meinen Augen ist es symptomatisch, dass der Zusammenbruch von Miriam Meckel sich im Hotelzimmer im Beisein der Lebensgefährtin ereignete, einer eigentlich sehr privaten Situation. Das Hotelzimmer ist ein Heimersatz; hierher zieht man sich zum Schlafen und Erholen zurück. Doch mit dem Öffnen des E-Mail-Accounts mischt sich privater Raum mit beruflichem. Diese Vermischung der Räume war in diesem Moment der Tropfen, der das Fass zum Überlaufen brachte.

Der gesellschaftliche Konsens lautet: „Du darfst dich nicht abgrenzen.“ Gerade die aktuelle Generation hat große Probleme damit, sich von anderen abzugrenzen und damit zu sich selbst zu stehen. Die Antwort auf die Frage, warum das Ich so schwach ist, lautet also: weil es seine Grenzen und damit seinen Raum verloren hat.

Es bleibt die Frage, warum Grenzen ziehen heute nicht mehr opportun ist.

Kapitel 4

Was Anerkennung und Zugehörigkeit mit Burnout zu tun haben

Ein werdender Vater, nicht mehr ganz jung und beruflich als Grafiker bei einem renommierten Verlag sehr erfolgreich, beschrieb mir einmal mit leuchtenden Augen, was er sich alles für sein neues Leben vorgenommen hatte. „Ich hab früher über die Softies, die sich mit ihren Frauen in den absurdesten Kursen auf die Geburt ihres Kindes vorbereiten, nur den Kopf geschüttelt", erzählte er. Doch als er sich nun überraschend und relativ spät in seinem Leben mit der Tatsache auseinandersetzen musste, selbst Vater zu werden, erschien ihm plötzlich alles in einem anderen Licht. Genau bei den Kursen, die ihm zuvor die Lachtränen in die Augen getrieben hatten, stand er nun auf der Teilnehmerliste ganz oben. Yoga, Tai Chi, Qi Gong, Reiki, Watsu, Aquabalancing und Bauchtanzgruppe – wo immer er als Mann mitmischen durfte: Er war dabei.

Der Mann lachte ein bisschen verlegen, als er mir erzählte, dass er sich sogar auf die sogenannten Hechelkurse freue. Aber auch die Zeit nach der Geburt war bereits perfekt durchgeplant. Mit seiner Partnerin hatte er durchgesprochen, wie die Arbeit in Zukunft verteilt werden sollte. Auf jeden Fall wollte er so oft wie möglich zu Hause sein und nicht wie bisher mehrmals in der Woche bis spät abends im Büro sitzen. Sein Arbeitgeber spielte mit und ermöglichte ihm eine flexible Gestaltung der Arbeitszeiten und auch die mehrmonatige Elternzeit war schon festgezurrt. Auf keinen Fall wollte er das klassische Modell seiner Eltern wiederholen: der Mann kaum zu Hause, die Frau mit Haushalt und Kindererziehung beschäftigt. „So werde ich niemals sein!“, hatte er sich geschworen.

Als ich ihm das nächste Mal begegnete, war sein früherer Enthusiasmus deutlich gedämpft. Das Kind war zur Welt gekommen und hatte alles schlagartig geändert: Sein Tagesablauf war auf den Kopf gestellt worden, von lieb gewordenen Gewohnheiten hatte er sich von heute auf morgen verabschieden müssen. Aber das war nicht das Problem; darauf hatte er sich ja längst vorbereitet.

Alle Vorsätze, Überlegungen und Pläne hatten sich als graue Theorie entpuppt. Sein Weg führte ihn pünktlich zum Feierabend direkt nach Hause zu Frau und Kind, und er brannte darauf, sich von Anfang an intensiv an der Versorgung des Neugeborenen zu beteiligen. Die innige Verbundenheit von Mutter und Kind beim Stillen war für ihn kein Problem, doch wenn seine Partnerin flugs das Kind wickelte, es badete, es in den Schlaf wiegte, fühlte er sich oft ausgeschlossen. „Lass mal, ich mach das schnell“, hieß es immer. Oder mit leisem Vorwurf: „Die Windel war wieder viel zu locker, jetzt ist der ganze Strampler nass geworden.“ In den folgenden Wochen wurde es immer schlimmer. Die Frau schien einfach alles besser zu können. Oder schneller. Oder intuitiv richtig, während er selbst immer unsicherer wurde und überlegen musste.

Hatte der frischgebackene Vater vorher darauf gesetzt, Probleme mit seiner Frau jederzeit konstruktiv besprechen und eine gute Lösung finden zu können, musste er jetzt erkennen: Kein Gespräch war so wichtig, dass nicht ein Greinen des Kindes es hätte unterbrechen können. Hilflos musste er mit ansehen, wie er nach und nach in die zweite Reihe gedrängt wurde. Bald waren die Rollen fest verteilt: Seine Partnerin versorgte das Kind, während er frustriert danebenstand.

Dazugehören um jeden Preis

In einer Studie des Deutschen Jugendinstituts (DJI) wurden 2.000 Jungen und Männer zwischen 15 und 42 Jahren nach ihren Absichten, Wünschen und Erfahrungen hinsichtlich ihrer Vorstellungen zur Familie befragt. Die Untersuchung ergab unter anderem: Männer, die eine gleichberechtigte Elternschaft anstreben, fallen nach der Geburt des ersten Kindes häufig in alte Traditionsmuster zurück und stürzen sich ins Berufsleben.

Eine weitere Studie, diesmal vom Wirtschafts- und Sozialwissenschaftlichen Institut (WSI) der Hans-Böckler-Stiftung, zeigte, dass von den voll berufstätigen Vätern 57 Prozent mehr als 40 Stunden pro Woche arbeiten. Absurd dabei: Männer mit minderjährigen Kindern arbeiten im Schnitt sogar 1,2 Stunden pro Woche länger als ihre kinderlosen Kollegen. Und: Väter machen die meisten Überstunden im Jahr nach der Geburt des Kindes. Fühlen sie sich verpflichtet, sich im Job noch mehr reinzuhängen, weil eine junge Familie das Geld aus den

Überstunden gut gebrauchen kann, oder gibt es noch einen anderen Grund?

Und die Frauen? Wie sehen ihre Vorstellungen aus? Nur sechs Prozent der Frauen wollen ausschließlich Hausfrau sein. Die meisten erwarten von ihren Partnern Kooperation in Sachen Job und Familie. Der Vollverdiener als Märchenprinz hat also ausgedient. Viele Männer wollen das auch gar nicht mehr sein – immerhin 43,5 Prozent der Befragten würden ihre Karriere für ein Kind zurückstellen, über 80 Prozent könnten sich vorstellen, ihr Kind aktiv zu betreuen – doch zwischen Männerwunsch und Väterwirklichkeit klafft offenbar ein großer Widerspruch. Und die Frauen sind am Ende offenbar doch diejenigen, die die Windeln wechseln und den Müll runtertragen.

Es gibt heute in beinahe jedem Lebensmodell eine praktikable Lösung dafür, wie Mütter und Väter ihre Arbeit organisieren können: Teilzeit-Möglichkeiten, Gleitzeit-Modelle, Homeoffice-Lösungen und vieles mehr. Chefs und Unternehmen sind flexibel wie nie zuvor und stellen sich auf ihre Mitarbeiter ein. Die Voraussetzungen für die Vereinbarkeit von Beruf und Familie waren noch nie so gut wie heute. Die Anforderungen im Job sind also kaum ein greifendes Erklärungsmodell für die hohe Zahl an Überstunden bei jungen Vätern. Was steckt dann dahinter? Ich bin überzeugt davon, dass hier nur ein Fokuswechsel hilft: Nicht die Bedingungen im Job sind in diesem Zusammenhang interessant, sondern die im privaten Umfeld.

Gertrud Fritsche erzählte mir euphorisch von ihrem geplanten Familienurlaub. Ziel war ein romantisches Ferienhaus an der Côte d'Azur. Mit dem familieneigenen Wohnmobil sollte es in mehreren Etappen gen

Süden gehen, sodass die Reise für die drei Kinder nicht in Stress ausarten würde. Ausreichend Pausen und Bespaßung während der Fahrt hatte sie minutiös geplant und vorbereitet, mehrere Mahlzeiten vorgekocht – alles war perfekt organisiert. Mich beschlich zwar der leise Verdacht, dass ihre eigene Erholung angesichts all der Ansprüche, die Gertrud Fritsche an die Rundum-Versorgung ihrer Familie stellte, bei einem solchen Urlaub wohl hintanstehen und sie wahrscheinlich erst recht urlaubsreif zurückkommen würde. Aber ich wollte ihr Planungsglück nicht trüben und ließ mich von ihrer Vorfreude anstecken.

Als ich die 43-Jährige 14 Tage später wiedertraf, war ich dann doch erschrocken über ihre erschöpften Gesichtszüge und die tiefen Ringe unter ihren Augen. Der Urlaub sei sehr schön gewesen, erzählte sie auf meine Frage hin, doch habe den Jüngsten auf der Rückfahrt leider eine Mittelohrentzündung geplagt, sodass die ganze Fahrt recht anstrengend gewesen war. Und da sie unbedingt noch den Kinderarzt konsultieren wollte, habe die Familie beschlossen, die letzte Zwischenübernachtung auszulassen, und sei direkt heimgefahren. Spät in der Nacht musste dann zu Hause nicht nur das Auto ausgeladen, sondern auch die übermüdeten Kinder versorgt werden. Und zu allem Überfluss erwartete sie dort auch noch die Nachricht einer befreundeten Mutter, die sie dringend um Mithilfe beim Kindergartenfest am nächsten Tag bat. Für Gertrud Fritsche bedeutete das: Nach dem Arztbesuch am folgenden Vormittag musste sie in der Küche verschwinden, um Streuselkuchen für eine Großmannschaft zu backen, während Berge von Wäsche darauf warteten, versorgt zu werden. Völlig übermüdet rührte sie den Teig zusammen und ärgerte sich über sich selbst: Warum hatte sie nicht einfach Nein gesagt?

Jede Gruppe hat ihre eigenen Trägheitsgesetze. Es sind immer die gleichen Personen, die die gleichen Aufgaben übernehmen – und somit den Rest der Gruppe aus der Verantwortung entlassen. Helga organisiert jedes Jahr das Betriebsfest, Gisela ist die Dauer-Kaffeefee, Gertrud backt immer den Kuchen, Helmut steht jedes Mal am Grill. Sollte einer von ihnen nun aber einmal nicht zur Verfügung stehen, wird das von der Gruppe negativ bewertet – während die vielen anderen, die sich nie um Kaffee, Kuchen oder Grillgut kümmern, gar nicht erst zur Diskussion oder in der Kritik stehen. Und falls doch einmal jemand aus der Nicht-Kuchengruppe mit Selbstgebackenem auftaucht, wird er mit Lob und Anerkennung überhäuft, wohingegen die Kuchenerzeugnisse der üblichen Verdächtigen als selbstverständlich hingenommen werden. Das ärgert Gertrud und Gisela vielleicht, ändert aber nichts an der Tatsache, dass sie aus ihrer Rolle nicht mehr herauskönnen. Merkwürdige Gruppentiere sind wir …

Die Suche nach Gemeinschaft ist eine ganz grundlegende menschliche Eigenschaft. Wir brauchen den anderen, um uns weiterzuentwickeln, um die eigene Identität zu bilden. Wir sind einfach so gemacht! Wir können gar nicht ganz allein existieren; nur in der Gemeinschaft ist unser Überleben gesichert. Hirnforscher bestätigen immer wieder: In der Gemeinschaft fühlen sich Menschen wohler. Menschen, die in einer Gruppe ihren Platz gefunden haben, fühlen sich gesünder und kommen besser durchs Leben. Denn die Gemeinschaft gibt ihnen Sinn. Erst in der Gruppe spielen wir eine Rolle – im wahrsten Sinne des Wortes.

Mitarbeiter in Unternehmen, ehrenamtliche Helfer, befreundete Mütter, hilfsbereite Mitmenschen: Sie alle versuchen, mit einer Sachleistung wie Arbeit am Wochenende oder einem selbstgebackenen Streuselkuchen ihre Zugehörigkeit zur Gruppe zu zementieren. Auf der anderen Seite werden die eingefahrenen Erwartungen der Gruppe an ihre Mitglieder zur guten Tradition, zum Gewohnheitsrecht. „Wenn sie letztes Jahr einen Kuchen gebacken hat, dann doch wohl auch dieses Jahr …", heißt es dann. Wenn Gertrud sich nun plötzlich weigert, mit gebackenem Kuchen zur Verfügung zu stehen, verlässt sie ihre festgelegte Rolle innerhalb der Gruppe und riskiert, ihre Bedeutung innerhalb der Gruppe zu verlieren – im schlimmsten Fall sogar die Zugehörigkeit.

Das ist eine fatale Kraft der Gruppe: Jedes Nein zu einer Anfrage oder Bitte wird auch als Nein an die Gemeinschaft selbst verstanden. Denn Sach- und Beziehungsebene werden miteinander verwoben. Ein einfaches Nein, weil das Kind krank ist, würde als Aufbegehren gegen die Gemeinschaft verstanden werden. Also setzen die Mitglieder einer Gruppe alles daran, immer zusagen zu können, mobilisieren auch noch die letzten Kraftreserven und opfern ihre eigenen Bedürfnisse für die Zugehörigkeit.

Es ist erstaunlich, wie viele Aufgaben sich manche Menschen aufbürden lassen, ohne ernsthaft auf den Gedanken zu kommen, stopp zu sagen. Ganz typisch ist die Geschichte des jungen Versicherungsangestellten, der noch nicht lange Teil des Teams war und sein Engagement unter Beweis stellen wollte. Jedes Mal, wenn ein Mitarbeiter krank wurde, saß er mehrere Tage hintereinander bis in die späten Abendstunden im Büro, um den krankheitsbedingten Ausfall auszugleichen. Seine Kraftanstrengung wurde aber nicht belohnt, indem beim nächsten Ausfall ein anderer Kollege des Teams einsprang. Im Gegenteil: Dass er in die Rolle des „Ausputzers" geschlüpft war, wurde von den Kollegen dankbar angenommen und zunehmend als selbstverständlich erachtet. Als er an einem Freitagnachmittag wieder einmal für einen verhinderten Kollegen einsprang und bereits Mühe hatte, das doppelte Arbeitspensum zu bewältigen, fragte eine ältere Kollegin ihn und nicht einen der anderen zur Verfügung stehenden Teamkollegen, ob er nicht ihre bis zum Wochenende fälligen Vorgänge mit übernehmen könne. Sie müsse dringend zum Schultheater ihres Sohnes. Schließlich wolle sie dessen Auftritt nicht verpassen. Und tatsächlich: Erneut nickte der Gute ergeben und verließ die Abteilung wieder einmal Stunden, nachdem der letzte seiner Kollegen gegangen war.

Nicht nur in der Familie, auch im Beruf erfahren Menschen Gemeinschaft. Sie gehören zu Abteilungen, Teams, Arbeitsgruppen. Hier gilt das Zugehörigkeitsprinzip ebenfalls – und es gibt auch die Angst, bei einem etwaigen Nein die Zugehörigkeit zur Gemeinschaft zu verlieren. Selbst wenn keine unmittelbare Kündigung droht, können doch durch eine vermeintliche Verweigerungshaltung Gruppenprozesse in Gang gesetzt werden, die sich wie ein Ausschluss anfühlen. Wer nicht „mitmacht", den erwartet im schlimmsten Fall Mobbing.

Besonders Singles laufen Gefahr, die Forderungen des Arbeitgebers alternativ- und bedingungslos zu erfüllen. Wenn die Firma zur Familie wird, ist die Bürogemeinschaft für einen Alleinstehenden ungleich wichtiger als für den Familienvater am Nachbarschreibtisch, der seinen Lebensmittelpunkt außerhalb des Unternehmens findet.

Dieses Muster erklärt auch, warum es Kindern oft so viel leichter fällt, Nein zu sagen: Die Bindung eines dreijährigen Kindes an seine Eltern ist noch so stark, dass es nicht befürchtet, durch eine Weigerung seine Stellung in der „Gruppe" zu verlieren.

Eine andere Art Familie

Auf den ersten Blick ist es doch sehr erstaunlich, dass es so vielen Menschen offenbar wichtiger ist, Teil der Gruppe zu bleiben, als sich die eigenen Bedürfnisse nach genügend Freizeit, Schlaf und Freiraum zu erfüllen. Wenn ich gemeinsam mit anderen etwas mache, dann fühlt sich das besser an, als wenn ich allein wäre. Die Gemeinschaft ist wichtig; es werden Wohlfühlhormone ausgeschüttet. So wird die Gemeinschaft zur Basis, die meine Stimmung definiert. Wenn ich also Nein sage und Gefahr laufe, die Zugehörigkeit zu einer Gruppe zu verlieren, laufe ich auch Gefahr, aus dieser Wohlfühlatmosphäre herausgezogen zu werden. Wenn ich nicht nach Feierabend ans Handy gehe oder den Kuchen backe wie jedes Jahr, entgeht mir Anerkennung als Ausdruck von Zugehörigkeit.

Auch Personen in unkündbarer Stellung, die finanzielle Sicherheit haben, entwickeln diese Ängste, das heißt, die

Sorge um den Arbeitsplatz ist weniger wichtig als die Rolle in der Gemeinschaft des Arbeitsplatzes. Nicht die Sorge um wirtschaftliche Aspekte raubt den Burnout-Kandidaten den nächtlichen Schlaf, sondern die Sorge, nicht mehr zu der Gruppe zu gehören. Wer seine festgelegte Rolle innerhalb der Gruppe verlässt, wird von der Gemeinschaft abgestraft. Er behält zwar den Arbeitsplatz, gehört aber nicht mehr dazu. Die tief sitzende Angst, aus der Gemeinschaft ausgestoßen zu werden, wirft die Frage auf: „Wer bin ich, wenn ich nicht dazugehöre?"

Eine junge Frau Anfang 30, Betriebswissenschaftlerin mit sportlicher Figur und klassischem Pagenkopf, trat eine neue Arbeitsstelle an. In der ersten Zeit passte sie sich an. Sie zeigte sich stets aufmerksam und bereit, auch einen Handschlag mehr zu tun als die anderen. Dann war die Probezeit überstanden und sie war fester Bestandteil des Teams. Als relativ junge Kollegin war sie weiter auf die Funktionen und Aufgaben festgelegt, die die anderen nicht ausfüllen mochten – den Konferenzraum für Sitzungen herrichten, Aktenordner holen und wieder wegstellen, Kaffee kochen. Trotzdem wurde schnell klar, dass sie das Potenzial für eine Führungsposition hatte. Sie hatte kaum in die erste Rolle gefunden, da wurde ihr schon die nächste übergestülpt. Plötzlich wurde sie zur Leiterin des Teams ernannt. Ihre Kollegen beobachteten dies mit Neid und Misstrauen. Schließlich war sie noch nicht lange dabei, und nun sollte sie den Kollegen als Vorgesetzte sagen, wo es langging.

Dieser Rollenwechsel löste bei der Frau immensen Stress aus. Wenn sie gleich als Chefin eingestellt worden wäre, wäre es für sie viel einfacher gewesen, sich den

Respekt ihrer Mitarbeiter zu sichern. Gleichzeitig wurde aber ihr emotionaler Stress dadurch verstärkt, dass sie nicht nur aus der Gruppe der ehemaligen Kollegen herausgerissen wurde, sondern auch in der Gruppe der Teamleiter noch nicht angekommen war. Bei deren wöchentlichem Treffen fühlte sie sich genauso unwohl wie in ihrem Team. Sie saß zwischen allen Stühlen. Lob und Anerkennung bekam sie in dieser Situation von keiner Seite.

Plötzlich erschien ihr der Arbeitsplatz im Großraumbüro als über die Maßen anstrengend, obwohl sie dort auch vorher gearbeitet hat.

Alle Stressfaktoren lassen sich leichter ertragen, wenn man Teil eines Teams ist. Zugehörigkeit zu einer Gruppe bedeutet: „Du bist okay, du gehörst dazu!" Wenn jedoch diese Form des Lobs ausbleibt, wird es von dem höheren Gehalt als Teamchefin nur unzureichend ersetzt. Lob bedeutet Anerkennung und drückt Zugehörigkeit aus. Darum sind Menschen hochgradig motiviert, diese Anerkennung immer wieder zu erlangen.

Doch warum ist Gemeinschaft so wichtig? Warum fürchten wir uns so davor, aus der Gemeinschaft herauszubrechen?

Was beim Tupperabend wirklich gehandelt wird

Zwar hat Melanie Reuter immer gern am Institut der Universität gearbeitet und nebenher ihre Promotion im Fachbereich Sozialwissenschaften vorbereitet, doch als sie schwanger wurde, war die Freude groß, und sie stürzte sich engagiert in ihr neues Leben als Hausfrau und Mutter. Die Promotion schob sie hintenan, nun zählte erst einmal der Nestbau. Die junge Familie wollte, dass das Kind im bestmöglichen Umfeld groß wurde, und suchte sich ein kleines Häuschen im Süden Berlins. Der Garten und der Haushalt konnten sich darauf freuen, dass Melanie Reuter, die gespannt die Geburt des Kindes erwartete, ihnen ihre uneingeschränkte Aufmerksamkeit widmete. In der Stadt besorgte sie alles, was ihrer Meinung nach lebensnotwendig war für die perfekte Erfüllung der Hausfrauenpflichten: Es gab Servietten passend zur Tischdecke, die Wohnung wurde jahreszeitlich angemessen dekoriert. In der Küche fanden sich sämtliche Haushaltshelfer, die man sich nur vorstellen kann. Kirschkernentferner, Käsehobel, Kuchenplatten – es war alles vorhanden. Für jedes Nahrungsmittel gab es hübsche Gefäße in allen erdenklichen Größen. Doch der Kontakt zur Nachbarschaft entwickelte sich nur sehr mühselig. Als das Kind auf der Welt war, verbesserte sich die Situation etwas: Man traf sich auf dem Kinderspielplatz und beim Säuglingsturnen. Doch wirklich angekommen war Melanie Reuter in ihrer neuen Rolle noch nicht. Irgendwo tief im Inneren spürte sie, dass das reine Hausfrauenglück vielleicht doch nicht ausreichte. Sie vermisste ihre Arbeitsstunden an der Uni und den Austausch mit den Kollegen. Und als die Kleine nicht mehr gestillt werden musste, bat sie ihre Mutter um Unterstützung, um einmal in der Woche ein paar Stunden ins Institut fahren zu können. Sie wollte den Anschluss nicht verlieren, auch im Hinblick auf ihre Promotion. So entstand bald ein eng getakteter Terminplan, mit dem Melanie Reuter versuchte, Familie und Universität unter einen Hut zu bekommen.

Nebenher war sie stets bemüht, in ihrer neuen Siedlung Kontakte zu knüpfen und zu pflegen, weil sie ihrem Kind ein funktionierendes Netzwerk bieten wollte.

Eines Sonntagsnachmittags kam ihre Nachbarin auf ein Stück Kuchen vorbei und lud sie ein zu einer Tupperparty bei sich zu Hause. Melanie Reuter wusste um diese regelmäßigen Treffen, bei denen sich die Frauen aus der ganzen Siedlung um eine Kollektion Plastikschüsselchen und -utensilien scharten, um bei einem Piccolo zu begutachten, welche Zauberdinge ihnen ihr Leben vielleicht noch vereinfachen oder verschönern könnten. Melanie Reuter war hin- und hergerissen: Auf der einen Seite schauderte ihr bei der Vorstellung, hatte sie schon jetzt mehr Küchenausstattung, als sie je würde brauchen können. Auf der anderen Seite war da aber auch der Wunsch, auch einmal eingeladen zu werden – einfach um dazuzugehören. Die Nachbarin gestand, man habe sie bislang nicht gefragt, weil sie den Eindruck vermittelt habe, dass sie eigentlich keine Zeit für einen solchen „Tüdelkram" habe. Um dieses Urteil zu entkräften, sagte die junge Mutter trotz allem Terminstress zu, beim nächsten Mal dabei zu sein. Und sie fühlte sich augenblicklich ein Stück mehr angekommen in ihrem neuen Leben. Ein Stück des Stresses, der dadurch verursacht wurde, dass sie sich nicht zugehörig fühlte, fiel von ihr ab. Es war, als habe sie durch die Einladung eine Bestätigung erhalten, dass sie als Hausfrau und Mutter alles richtig machte. Die oft spöttisch betrachtete Tupperparty empfand sie als einen Ritterschlag der Gruppe „Nachbarschaft und Mütter": „Jetzt gehörst du dazu."

Tupperabende werden also unterschätzt: Schon durch die Einladung wird eine Zugehörigkeit bestätigt – zur

Nachbarschaft, einem bestimmten Wohngebiet und einer bestimmten Zielgruppe. Die Verkaufsveranstaltungen fungieren als eine Art Initiationsritus, der dem Eingeladenen vermittelt: „Du bist einer von uns." Dahinter steht die Theorie der Salutogenese, was nichts anderes als Gesundheitsentwicklung bedeutet: der Dreiklang aus Verstehbarkeit, Handhabbarkeit und Sinnhaftigkeit. Die Salutogenese beleuchtet die Sichtweise auf die Medizin und dynamische Wechselwirkungen, die zur Entstehung und Erhaltung von Gesundheit führen. Der israelisch-amerikanische Medizinsoziologe Aaron Antonovsky (1923–1994) prägte den Ausdruck in den 1970er-Jahren: Nach seinem Salutogenese-Modell ist Gesundheit nicht als Zustand, sondern als Prozess zu verstehen. Sein Ansatz beschäftigt sich nicht mit der Frage „Warum wird der Mensch krank?", sondern mit der Fragestellung „Was hält ihn gesund?". Für Antonovsky bewegt sich der Mensch ständig in einem dynamischen Prozess zwischen Gesundheit und Krankheit. Damit sich das Verhältnis beider Variablen im Gleichgewicht befindet, nutzt er ihm zur Verfügung stehende Ressourcen.

Doch warum reagieren zwei Personen, die den gleichen Stresssituationen ausgesetzt sind und dieselben Ressourcen zur Verfügung haben, dennoch so verschieden? Eine Person wird krank, die andere bleibt gesund. Laut Antonovsky liegt die Antwort im unterschiedlich stark ausgeprägten Kohärenzsinn beider Personen – der Fähigkeit eines Menschen, die ihm gebotenen Ressourcen zu nutzen, um gesund zu bleiben. Dieser Koheränzsinn setzt sich aus den drei Komponenten Verstehbarkeit, Handhabbarkeit und Sinnhaftigkeit zusammen. Die

Verstehbarkeit bezeichnet die Fähigkeit, aus Informationen einen verstehbaren Zusammenhang herzustellen. Die Handhabbarkeit umschreibt die Fähigkeit, unter Belastung innere und äußere Ressourcen mobilisieren zu können. Entscheidend ist bei diesem Merkmal, dass der Betreffende nicht das Gefühl hat, Opfer zu sein. Was auch immer im Leben geschieht: Er wird es bewältigen.

Die Sinnhaftigkeit schließlich beschreibt die emotionale Komponente, die sich in der Fähigkeit ausdrückt, die Anforderungen des Lebens als sinnhaft zu erfahren. Personen, bei denen die Fähigkeit, das Leben als sinnhaft zu erfahren, stark ausgeprägt ist, betrachten vieles in ihrem Alltag als wichtig und bedeutsam und wert, sich dafür zu engagieren. Sie sind daher am ehesten in der Lage, Ereignisse als Herausforderung zu betrachten und nicht als Belastung. Diese Sinnhaftigkeit kann als das antreibende Moment im Leben verstanden werden. Antonovsky kommt zu dem Schluss: „Dort, wo der Sinn flöten geht, entsteht der größte Stress!"

Im Bereich der Sinnhaftigkeit spielen Werte eine große Rolle. Wir haben das Bedürfnis, unserem eigenen Leben Bedeutung zu geben. Die Bedeutung des Einzelnen definiert sich über seinen Stellenwert für sein Gegenüber, für die Gemeinschaft. Menschen, die keine Bedeutung für jemand anderes haben, sind wirklich zu bedauern! Das ist sicherlich auch einer der Gründe, warum selbst ein Wellensittich, der den Part des Gegenübers einnimmt, dem Leben seines Besitzers eine Bedeutung geben kann.

Mein Stellenwert für jemand anderen ist also Grundlage meiner Sinnhaftigkeit. Wer zum Beispiel unerwartet seine Arbeitsstelle verliert und das Gefühl hat: „Ich habe keine Bedeutung mehr für andere, nicht einmal für eine Firma", läuft Gefahr, krank zu werden. Für Männer ist diese Situation häufig noch belastender, weil es für sie keine geeigneten Rollenbilder jenseits von Arbeit gibt. Frauen sind anders sozialisiert, pflegen verschiedene soziale Beziehungen und versinken ohne Arbeit nicht automatisch in der Bedeutungslosigkeit.

Wenn die Zugehörigkeit zur Gemeinschaft dem Einzelnen Sinn gibt, geht es bei der Angst vor dem Nein-Sagen folglich nicht nur darum, dass man sich vor dem Verlust der Zugehörigkeit fürchtet, sondern gleich vor einer kompletten Sinnkrise.

Menschen sind dann am glücklichsten, wenn sie ihren inneren Reichtum anderen zum Geschenk machen können. Menschen, die einen bestimmten Stellenwert in einer Gemeinschaft haben, kommen besser durchs Leben. Sie sind oder fühlen sich gesünder, definieren sich und die Begriffe „Gesundheit" und „Krankheit" anders. Sie legen einen anderen Umgang mit Krankheit an den Tag und verstehen diese als Handicap, nicht als Unglück. „Nur weil mir ein Bein fehlt oder weil ich Diabetes habe, muss ich mich noch lange nicht krank fühlen." Nicht das physische Handicap macht das Gefühl von Krankheit aus, sondern das Gefühl der Bedeutungslosigkeit. Auch ein Rollstuhlfahrer kann beim Tischdecken helfen: Krankheit kann nebensächlich werden, wenn die Menschen einen Sinn sehen und haben.

Wer also merkt, dass er Angst hat, sein Nein könne als Aufbegehren gegen Gemeinschaft verstanden werden und somit die Quelle seines Sinns bedrohen, sollte sich die Frage stellen: „Wodurch kann mein Leben tiefgehende

Bedeutung haben?" Es ist für ausbrennende Menschen nicht einfach mit „weniger Arbeit" getan, sondern sie müssen sich andere Sinnmomente suchen, sich Sinnquellen neben der Arbeit erschließen. Wenn ich mir anschaue, wer ausbrennt und wer nicht, stelle ich oft fest, dass häufig sehr kreative Menschen gefährdet sind, die mit großer Freude schöne Dinge in die Welt bringen. Schönheit und Wahrheit hängen hier eng zusammen. Ich erinnere mich an einen Mann aus einer Gesprächsrunde, der merkte, dass sein Garten und dessen Gestaltung eine wichtige Rolle in seinem Leben spielten und ihn mit Glück erfüllten. Eines Morgens brachte er einen Strauß bunter Rosen aus dem eigenen Garten mit in die Männergruppe und stellte sie in die Mitte. Das freute sogar den größten Zyniker! Dieser Hobbygärtner hatte erkannt: „Ich habe ja alles, was mir Freude und Sinn gibt. Ich muss es nur bemerken!"

Leerlauf mit Vollgas

Doch was ist mit dem jungen Vater, der entgegen aller seiner Vorsätze nun doch wieder mehr Stunden im Büro verbringt als bei seiner Familie? Warum gibt ihm die Familie nicht genug Sinn, sondern lässt ihn die Gemeinschaft der Arbeitskollegen suchen?

Die Beziehung des Paares beinhaltet eine große Zugehörigkeit zueinander. Nun wurde ein Kind geboren, ein fleischgewordener Ausdruck dieser Liebe. Doch dieses Ereignis löst die Zugehörigkeit des Mannes zur Partnerin auch in gewisser Weise auf, denn es entsteht eine andere Form von Gemeinschaft. Zwar gibt es eine neue

Zugehörigkeit zu der jungen Familie („Wir drei!"), doch andere Zugehörigkeiten gehen gleichzeitig in gewissem Maß verloren: Man trifft sich nicht mehr spontan mit den Freunden zum Kegeln. Private Einladungen müssen vorher gut organisiert werden oder jeweils ohne den Partner stattfinden. Beide Eltern haben sich zwar versichert, die Familie gemeinsam zu gestalten, doch haben Frauen in vielen Dingen mehr Erfahrung beziehungsweise es gibt Aspekte, von denen Männer von vornherein ausgeschlossen sind, wie beispielsweise das Stillen.

Im Geburtsvorbereitungskurs versprach der Mann noch aus vollem Herzen: „Ich werde weniger arbeiten!" Doch dann entwickelte sich die Dynamik des Paares in eine für ihn unerwartete Richtung. Der Mann war – im Gegensatz zu seiner Frau – auf der Handlungsebene bei vielen Dingen unsicher. Die Frau war hingegen durch sozialisierten Erfahrungsvorsprung immer etwas „besser". Folglich zog sich der Mann lieber dorthin zurück, wo er anerkannt wurde und Sicherheit fand: im Job. Er könnte doch auch in der Familie gestalterisch tätig sein, sich dort voll und ganz einbringen. Warum genügt ihm das nicht?

Es ist heute nicht mehr so leicht, ein klassischer „Machovater" zu sein. Überall wird suggeriert, dass die Väter sich um alles kümmern müssen und längst nicht mehr nur die Ernährer der Familie sein können. Die weichen und harten Ansprüche an die Männer werden immer größer. Väter sollen sich nicht mehr nur als Ernährer sehen, sondern eine hohe Familienorientierung aufweisen, die Erziehungsverantwortung mit ihrer Partnerin teilen, aktiv Anteil am Leben ihrer Kinder nehmen, sich für ihre Kinder engagieren, Windeln wechseln, Kindergeburtstage organisieren und dem Nachwuchs als Ansprechpartner für alle Belange des Alltags zur Verfügung stehen.

Wenn also ein Vater nach einem Zehn-Stunden-Tag nach Hause kommt, kann er oftmals nicht mehr wie früher von seinem Arbeitstag erzählen, ein Glas Wein mit seiner Frau trinken und den Job langsam abstreifen. Stattdessen steht nun augenblicklich die Erfüllung seines Beitrags im Haushalt an: Die Spülmaschine muss ausgeräumt werden, der Wäschekorb sortiert, der Einkauf aus dem Auto geholt und die Post erledigt werden. Die Frau ermahnt ihn, dass noch Rechnungen überwiesen werden müssen, und der Müll sollte ebenfalls rausgebracht werden. Doch auch das Kind darf natürlich nicht zu kurz kommen: Also will der Vater den Säugling wickeln und mit ihm kuscheln. Nebenher gilt es auch, Freundschaften aufrechtzuerhalten, und die Besuche von Verwandten, die einen Blick aufs Kind werfen wollen, müssen dosiert und organisiert werden. Das sind alles Aufgaben, die im Grunde genommen normal sind. Sie kosten zwar Zeit, aber eigentlich nicht allzu viel Energie. Trotzdem fühlt er sich an diesem Punkt überfordert. Warum?

Der junge Familienvater empfindet die doppelten Ansprüche, die er zu Hause und im Berufsleben an sich gestellt sieht, nicht als optional, sondern als existenziell wichtig. Er erlebt sie als normal, vorausgesetzt und unabänderlich. Folglich versucht er alles, um sie zu erfüllen: Er investiert viel Kraft, um seine berufliche Karriere voranzutreiben und so die Existenzgrundlage der Familie zu sichern. Der frischgebackene Vater will alles besser machen als seine Eltern und bemüht sich sehr ernsthaft darum, ein „moderner Vater“ zu sein: einfühlsam sein, sich rührend um das Kind kümmern, es wickeln, trösten, beruhigen, beschäftigen und bestmöglich fördern, gleichzeitig aktiv im Haushalt mitarbeiten und das Privatleben mit organisieren.

Er ist mit einem Übermaß an Erwartungen konfrontiert, die aber gar nicht erfüllbar sind. Da die Anerkennung ausbleibt, er innerhalb der Familie keine oder nur wenig Bestätigung erfährt, wird er das entstehende Vakuum über den Job füllen – und dort holt er seine Anerkennung durch Überstunden.

Diesem „neuen Vater" ist also einerseits die Anerkennung als Ernährer entzogen – weil diese Rolle nicht mehr ausreicht. Die Anerkennung im Haushalt bleibt aber ebenfalls aus, weil die Frau alles besser, schneller, schöner macht. So bleibt die Beteiligung des Vaters hinter seinen eigenen Erwartungen zurück. Er sieht sich mit der Aufgabe konfrontiert, seine Identität und sein Selbstwertgefühl als Vater neu zu definieren, seine Lebensziele zu verändern und seine durch die Veränderungen bedingte emotionale Beunruhigung zu bewältigen. Er ist darauf angewiesen, eine Neustrukturierung seines Weltbildes vorzunehmen: Er übernimmt nunmehr die Verantwortung für die kommende Generation. Zur Bewältigung der mit dieser Phase seiner Entwicklung zusammenhängenden Aufgaben ist er auf den Erwerb weiterer Kompetenz angewiesen. All das bedeutet für ihn: Er hat das Gefühl, mindestens 150 Prozent Leistung erbringen zu müssen.

Der Mann wird also gezwungenermaßen zum Höchstleister, denn nur so kann er den Mindestanforderungen gerecht werden. Doch dieses Modell ist zum Scheitern verurteilt: Männer können gar nicht jede Rolle ausfüllen.

Die Situation als Jungfamilie ist für beide Elternteile komplett neu – auch auf der Handlungsebene. Beide wollen sich das Kind neu „erarbeiten", doch klappen alle Handgriffe rund um das Baby bei der Frau einfach schneller. Der Mann hat den ganz starken Willen, ein „besserer Mensch" zu werden. Doch dann passiert etwas in der Dynamik des Paares, das das Engagement des Mannes offensichtlich ausbremst oder unmöglich werden lässt.

Vater- und Mutterschaft spielen sich in dynamischen Familiensystemen ab. Hier ist die Qualität der Paarbeziehung sehr bedeutsam. Nach der Geburt eines Kindes nimmt die Partnerschaftsqualität ab; damit müssen beide Partner umgehen lernen. Diese Verschlechterung der Beziehungsqualität beschränkt sich nicht auf die ersten, besonders anstrengenden Monate mit dem Säugling, sondern setzt sich auch längerfristig fort. Neben einer Reorganisation des Rollenverhaltens müssen die Partner emotionale Belastungen angemessen bewältigen. Ob der Vater in der Partnerschaft zufrieden bleibt, hängt davon ab, wie gut er den Übergang in die Vaterrolle bewältigt. Die Frauen lernen schon als Mädchen, wie man sich Kindern gegenüber verhalten sollte. In ihrer gesamten Sozialisation nehmen sie den Umgang mit Babys automatisch auf. Der Mann dagegen ist nicht auf diese Weise sozialisiert. Hinzu kommt, dass er nicht die symbiotische Beziehung zum Kind hat, die die Frau während der Schwangerschaft und des Stillens aufbaut: Er ist bei allem schnell außen vor und erhält so viel schwerer Zugang zum Kind und zu seiner neuen Rolle als Vater.

Biografisch fällt die Zeit der Familiengründung häufig mit der Zeit der Karriereplanung zusammen. Dank wirtschaftlicher Erfordernisse war die klassische Rollenverteilung so lange kein Problem, solange sie gesellschaftlich anerkannt war: Die Frau hat einen hohen Wert, weil sie Kinder versorgt, der Mann hat einen hohen Wert, weil er Geld verdient. Aber die Welt hat sich verändert.

Mütter und Väter, die unter mangelnder Anerkennung für ihre Mehrfach-Leistung beruflich und zu Hause leiden und darum emotional gestresst sind, erhalten häufig die üblichen Empfehlungen wie: „Nimm dir Zeit für dich! Nimm ein schönes Schaumbad oder verbring einen Nachmittag in der Sauna …" Doch Hand aufs Herz: Wenn die Problematik rund um das Burnout so tiefgreifend ist, so tief in die Identität des Menschen eingreift, glauben Sie dann allen Ernstes, dass ein bisschen Wellness da weiterhelfen kann?

Kapitel 5

Warum Stressprävention keinen Sinn macht

Die Industrie hat schon lange erkannt, dass mit stressgeplagten Neuzeitmenschen viel Geld zu verdienen ist. An allen möglichen und unmöglichen Produkten oder Dienstleistungen findet sich das Prädikat „Wellness“, das die Produkte und deren Wirkung in himmlische Sphären zu verklären scheint. An Kreativität mangelt es dabei nicht – hier nur einige Zitate aus den Regalen der Supermärkte:

- „Belebende Frische und erlebbare Pflege: Entdecken Sie die einzigartige Verbindung erfrischender und reichhaltiger Pflege unter der Dusche. Das pflegende Duschgel erfrischt Ihre Sinne mit dem revitalisierenden Duft von Zitronengras. Spüren Sie, wie die wertvollen Ölperlen auf der Haut zergehen und sich in einen pflegenden Schaum verwandeln – für das faszinierende Gefühl erfrischter, gepflegter Haut. Ein Gefühl wie neugeboren.“
- „Steigern Sie mit Wellness & Care Pflegedusche Ihr Wohlbefinden! Die reichhaltige Rezeptur mit pflegendem Olivenöl-Extrakt und vitalisierendem Duft verwöhnt Körper und Sinne optimal.“

- „Duschcreme Mystic Moments: Genießen Sie den kostbaren Moment unter der Dusche. Der faszinierende Duft der Passionsblüte entführt Sie in eine mystische Welt und macht das Duschen zu einem ganz besonderen Moment."
- „Aroma Therapy Absolute Relax: Gestresst? Entspannen Sie mit einer beruhigenden Dusche! Genießen Sie mit Aromatherapy Absolute Relax traumhafte Entspannung unter der Dusche. Die Formel mit beruhigendem Duft enthält ätherisches Öl von Ylang Ylang und zarten Iris-Extrakt. Pure Entspannung – und ein herrliches Duscherlebnis!"

Nichts scheint leichter zu sein, als Entspannung zu finden. Eine belebende Dusche, das passende Pflegeprodukt, vielleicht noch ein Wellness-Wochenende im Heu-Hotel – fertig. Doch werden die Versprechungen wohltuender Entspannung auch eingelöst?

Vom Rosenblütenbad zum goldenen Kalb

Die klassische Stressprävention ist darauf angelegt, stressgefährdete Menschen dazu zu bringen, sich mehr zu bewegen, mehr Pausen einzulegen und sich ein schönes Hobby zum Ausgleich zu suchen. Der klassische Ansatz fordert intensiven Ausgleich für intensive Arbeit. Mit anderen Worten: Gestresste Menschen sollen es sich mal so richtig gut gehen lassen.

Diese Stoßrichtung verfolgen auch die Abertausende Produkte, die ganze Industriezweige ersonnen haben und täglich neu erfindet: Die Angebote auf dem Entspannungsmarkt sind ebenso zahllos wie hochpreisig. Hier finden sich Produkte wie exklusive Kleopatrabäder, sinnliche Salze und orientalische Brisen, Entspannungs-CDs mit Meeresrauschen oder Walgesängen, Feng-Shui-Wochenenden, Farb- und Klangschalentherapien, Wellness-Wochenenden mit Rosenblütenbad und Champagner-Candlelight-Dinner – es gibt eigentlich nichts, was sich nicht mit dem Stempel „Wellness" vermarkten ließe. Das unendliche Repertoire an kostspieligen Angeboten lässt auf die Nachfrage schließen, und die muss immens hoch sein.

Der hohe Preis der Produkte verdeutlicht die Erwartung, die entspannungssuchende Kunden an das Produkt haben. Auch ich nehme gerne einmal Angebote dieses riesigen Marktes wahr – selbst wenn mich die poetischen Ergüsse der Werbebotschaften eher amüsieren. Ich fahre dann ins Wochenende und freue mich auf einen Wellness-Hotelaufenthalt mit allem Drum und Dran. Die Flasche Champagner auf dem Zimmer und die Rosenblätter auf dem Kopfkissen stimmen mich gleich richtig ein, dann starte ich nach einem erfrischenden Drachenfruchtcocktail mit einem Eselsmilchbad. Am nächsten Tag folgt dann das Kleopatrabad und abends gibt die Hot-Stone-Massage meinen Sinnen den Entspannungsrest. Das ist alles gut und schön – solange ich nicht erwarte, dass ich dann am Montag im Büro plötzlich von meinem Stress nichts mehr spüre.

Wellness ist das Schlüsselwort. Übersetzt bedeutet es „Wohlbefinden", doch gebraucht wird es wie eine Therapieform. Im Grunde genommen handelt es sich erst einmal um eine Bezeichnung, die rechtlich nicht geschützt ist. Ähnlich wie mit dem Wort „Bio“ kann jeder Anbieter sein Produkt als „Wohlbefinden steigernd“ deklarieren. Das Attribut „Wellness“ verspricht in unserer Werbewelt aber mehr als nur Entspannung: Körper, Geist und Seele sollen bei ausgiebiger und korrekter Anwendung der Produkte in Einklang kommen. Und weil die Wellness-Welt so einen therapeutischen Charakter hat, werden die Produkte auch entsprechend teuer (= wertvoll) angeboten. An Anspruch und Selbstbewusstsein mangelt es nicht – die Versprechen sind bis ins Religiöse hochgeschraubt: „Komm zu uns und wir machen dich wieder heil“ suggerieren die Produktslogans.

Zahllose Wellness-Ratgeber bieten Überblick und liefern Tipps, was der stressgeplagte Mensch tun, kaufen oder konsumieren kann. Ein schier unüberschaubarer Markt liefert alles – von Programmen, die besseren Schlaf versprechen, über Entspannungstechniken nach verschiedenen wissenschaftlichen Theorien bis hin zu Lichttherapien unter Tageslichtlampen. Wahrscheinlich ist nichts davon wirklich schädlich und viele Sachen sind auch durchaus empfehlenswert. Doch kann es sein, dass all diese Dinge mit nachhaltiger Burnout- und Stressprävention nichts zu tun haben?

In meinen Seminaren haben nahezu alle Teilnehmer schon Erfahrungen mit den unterschiedlichsten Entspannungsmethoden gemacht. Die meisten verfügen über eine hohe Sachkompetenz über alles, was der Markt anbietet, sie haben viele Kurse durchlaufen und diverse Ansätze und Lehrmeinungen verinnerlicht.

Eine ganz ausgezeichnete Kennerin der Materie war eine sportlich schlanke Frau, die sich als Key-Account-Managerin in einer IT-Firma gegen zahlreiche männliche Konkurrenten behauptet hatte. Als eine andere Teilnehmerin meines Kurses von ihren massiven Einschlafproblemen erzählte, hatte die Key-Account-Managerin sofort einen Tipp parat: Sie könne die progressive Muskelentspannung nach Edmund Jacobson sehr empfehlen. Die Technik habe sie in zwei Kursen ihres Sportstudios ausgiebig kennengelernt, und sie habe ihr sehr geholfen, als sie einmal nächtelang nicht in den Schlaf fand. In der weiteren Diskussion zeigte sich, dass die Frau selbst zunehmend unter Verspannungen litt, oft gar nicht zur Ruhe finden konnte und immer noch mit Schlafproblemen zu kämpfen hatte. Da bei ihr Jacobson nicht mehr half, hatte sie sich aktuell dem Poweryoga verschrieben. Sie schwor auf die Körper-Geist-Übungen. All ihre Betrachtungen klangen sehr reflektiert und wirksam. Sie schien wirklich alle Schlaf- und Entspannungstipps zu kennen – und dennoch saß die Frau bei mir im Burnout-Seminar und suchte Hilfe.

Diese Erfahrung mache ich oft: Da sitzen sie vor mir und warten wieder einmal auf den ultimativen Trick zur perfekten Entspannung, der endlich nachhaltig funktioniert. Wie oft höre ich: „Ich mache nun schon autogenes Training und verpasse nicht eine Unterrichtseinheit. Die Trainerin bestätigt mir immer wieder, dass ich alles richtig mache – aber warum bin ich dann nicht entspannt?“

Von Heilung oder Lösung des Stressproblems mit den Mitteln der Wellness-Industrie kann also keine Rede sein. Das hohe Versprechen, das der Begriff „Wellness“

suggeriert, wird nicht eingelöst, stattdessen führen diese Maßnahmen ins Leere – obwohl sie ja eigentlich hochprofessionell sind. Zum Teil kombinieren die einzelnen Therapieformen sogar alte Weisheiten mit modernen Kenntnissen. Und natürlich geht es einem vielleicht ganz gut, wenn man ein Bad genommen oder ein Wellness-Wochenende verbracht hat. Keine Frage. Es ist durchaus ratsam, einmal das Telefon auszuschalten und in die Wanne zu steigen. Doch sollten die Badenden das Badewasser mit dem richtigen Erwartungshorizont einlassen und nicht glauben, die Dosis des Badezusatzes sei heilbringend nach dem Motto: „Viel hilft viel."

Die Mittelchen, Kurse und Freizeitangebote bewegen sich zum Teil auf ausgeklügeltem medizinischen Niveau. Doch schon auf der Rückfahrt vom Wellness-Wochenende verfliegt die Entspannung. Bereits beim Verlassen des Sportstudios nach dem Poweryoga-Kurs holen der Alltag und der Stress die Menschen wieder ein. So bleiben Erholung und Ausgleich allenfalls One-Night-Stands und von einer Grundentspannung kann keine Rede sein. Das mittel- oder gar langfristige Ergebnis der ergriffenen Maßnahmen ist ernüchternd, nicht nachhaltig und enttäuschend. Für mich ist es kein Wunder, dass keine Verbesserung eintritt. Denn all die Maßnahmen der klassischen Stressprävention und -behandlung laufen meilenweit am eigentlichen Kernproblem vorbei.

Nachtschicht

Die Frau wünschte sich nur eines: Sie wollte einmal wieder tief und fest durchschlafen. Die Abteilungsleiterin eines Versandunternehmens kam auch nach einem anstrengenden 14-Stunden-Arbeitstag nicht zur Ruhe. Wenn sie abends völlig übermüdet auf dem Sofa saß und ein Glas Rotwein (oder zwei) trank, nickte sie schon einmal vor laufendem Fernseher ein. Doch in der Nacht kam sie einfach nicht zur Ruhe. Sobald sich ihr Körper nach wenigen Stunden die überlebenswichtige Portion Erholung geholt hatte, wachte sie wieder auf. Meist war es erst zwei oder drei Uhr. Die Zeit bis zum Morgengrauen verbrachte sie dann mit dem Versuch, wieder einzuschlafen. Wenn endlich der Wecker klingelte, fühlte sich die 45-Jährige noch vor dem Aufstehen erschöpft. Sogar im Urlaub litt sie unter dieser Schlaflosigkeit. Gerade weil sie einen sehr verantwortungsvollen und herausfordernden Posten bekleidete, wäre ein erholsamer Nachtschlaf so wichtig für die Frau gewesen, deren Kräfte merklich schwanden.

Tagsüber probierte sie alle möglichen Maßnahmen aus: Sie versuchte es mit Sport vor der Arbeit, mit Sport nach der Arbeit, mit Entspannungskursen und Meditationsübungen. Auch kleine chemische Helfer probierte sie aus, ließ jedoch schnell wieder die Finger davon, als sie bemerkte, dass diese ihren morgendlichen Erschöpfungszustand nur noch verstärkten. Ganz gleich, ob Aerobic oder Wellness-Einheit: Jede Nacht wachte sie nach kurzem Schlaf wieder auf, und dann drehte sich das Gedankenkarussell um Kostenpläne, Budgetabrechnungen und Deadlines. Sie ging im Kopf permanent ihre anstehenden

Projekte durch. Keine noch so ausgeklügelte Ablenkung versetzte sie in die Lage, sich von den betrieblichen Herausforderungen zu lösen.

Der Grund für diese Unfähigkeit, sich zu erholen und zur Ruhe zu kommen, sind physiologische Vorgänge im Körper. Es sind Hormone, die uns steuern. Diese Botenstoffe sind die heimlichen Herrscher über unser Befinden – im Falle von Stress und Entspannung sind es im Wesentlichen die Stoffe Adrenalin und Cortisol.

Sie gehen in Gedanken über die Straße und sehen erst im letzten Moment den Lastwagen, der auf Sie zusteuert. Reflexartig retten Sie sich mit einem gewaltigen Satz auf den Bürgersteig. Zitternd und schwer atmend stehen Sie am Straßenrand. Dass Sie nicht unter die Räder gekommen sind, haben Sie vor allem dem Hormon Adrenalin zu verdanken. In starken Schrecksituationen überflutet es den Körper. Es lässt das Herz wie wild pumpen und steigert den Blutdruck in lebensgefährliche Höhen. Das Blut schießt nur so durch die Adern, damit die Sauerstoffversorgung und damit die Funktionsfähigkeit der Muskeln sichergestellt sind. Gleichzeitig erweitert es die Atemwege, damit der Sauerstoffnachschub klappt. Alles, was nicht für Flucht oder Angriff gebraucht wird, muss warten; die Tätigkeit von Darm und Großhirn wird gnadenlos gedrosselt. Nach wenigen Minuten ist alles wieder vorbei. Das Adrenalin ist wieder abgebaut, Blutdruck und Atmung sind wieder auf Normalniveau angekommen. Ihr Großhirn ist wieder im Einsatz: Mann, das war knapp!

Dass Ihr Großhirn schnell wieder ans Laufen kommt, verdankt es einem weiteren Stresshormon, dem Cortisol. Sie kennen das vielleicht von nächtlichen Autofahrten in übermüdetem Zustand: Sie schrecken plötzlich hoch, weil Sie auf einmal merken, dass Sie fast eingeschlafen wären – das war das Adrenalin. Das Herz pocht Ihnen im Halse. Danach bleiben Sie erst einmal hellwach – und das ist die Wirkung des Cortisols. Es erhöht den Blutzuckerspiegel und sorgt so dafür, dass Körper und Geist Energie zugeführt wird und die Aufmerksamkeit steigt.

Normalerweise wird Cortisol nicht wie Adrenalin stoßweise bei Gefahr ausgeschüttet, sondern ganz gemächlich vor allem in der zweiten Nachthälfte auf Vorrat produziert. Beim Aufwachen steht es dann in maximaler Konzentration zur Verfügung und wird vom Körper im Tagesverlauf langsam verbraucht. Abends sind die Reserven dann erschöpft. Das ist auch sinnvoll, denn dann ist die Arbeit getan, ein hoher Blutzuckerspiegel ist dann nicht mehr notwendig. In der folgenden Nacht werden die Tanks schließlich wieder aufgefüllt.

Was haben nun diese beiden Hormone mit Burnout-gefährdeten Menschen zu tun?

Nicht nur, wenn eine akute Gefahr vorüber ist, wird Cortisol zusätzlich zum nachts gebildeten Vorrat ausgeschüttet. Auch in permanenten Stress- und Belastungssituationen wird es laufend produziert, um es in ausreichender Menge nachschießen zu können. Das geht so weit, dass im Blut von Menschen, die unter chronischem Stress leiden, die Cortisol-Konzentration dauerhaft erhöht ist. Sie laufen immer hochtourig und kommen gar nicht mehr raus aus ihrem Ausnahmezustand.

Ein dauerhaft erhöhter Cortisolspiegel macht alle Sinne außerordentlich empfänglich für Reize, vor allem, was mögliche Gefahren betrifft. Wenn jemand aber andauernd überwach ist und sehr empfindlich auf äußere Einflüsse reagiert, ist das Stress pur. Der eigentlich neutrale Gesichtsausdruck einer Kollegin kann dann über die Maßen alarmierend wirken. Der mit Cortisol Vollgepumpte bezieht die Mimik der Kollegin automatisch auf sich und überlegt, ob er etwas falsch gemacht hat. Wenn er gegrüßt wird, interpretiert er alles Mögliche in den Tonfall hinein. Wird er nicht gegrüßt, wird gleich die gesamte Beziehung zu dem Kollegen infrage gestellt.

Auf jeden Fall: Der Stress steigt und damit der Adrenalinspiegel. Und jetzt dreht sich die Spirale, denn der hohe Adrenalinspiegel führt nun wiederum zu einem erhöhten Cortisolspiegel und der wiederum zu einer empfindlichen, eher als Bedrohung wahrgenommenen Interpretation der Ereignisse.

Was bei der Flucht vor dem Säbelzahntiger zunächst Sinn macht, weil das Tier ja wirklich noch in der Nähe sein könnte und gesteigerte Aufmerksamkeit somit ratsam ist, kann sich auf Dauer im Alltag gegen den Menschen richten. Dank des positiv wahrgenommenen Adrenalincocktails in der Stressphase fühlt der Betreffende sich zunächst schnell, sicher und hoch aktiv. Er fühlt sich gut mit dieser Endorphinausschüttung und genießt seine gesteigerte Leistungsfähigkeit.

Doch diese Hormonausschüttungen sind nur dann der Gesundheit zuträglich, solange das Adrenalin und das folgende Cortisol auch wieder abgebaut werden. Wenn aber ein Adrenalinhöhepunkt den anderen jagt, weil der gesamte Alltag aufregend und fordernd ist, bleibt der Cortisolspiegel dauerhaft hoch. Und wo es nur Gipfel gibt, da fehlen die Täler.

Der ehrgeizige Arbeitsmensch verfällt in ein klassisches Muster: Nach einem Volldampftag geht es nach Feierabend gleich weiter. Mit hohem Adrenalinspiegel steigt er ins Auto, der erhöhte Tacho entspricht seinem erhöhten Puls. Unter Umgehung jedes Tempolimits fährt er nach Hause, um noch schnell das Kind zum Judo zu bringen und die nötigen Besorgungen für die Familie zu machen. Beim Elternabend wird ebenfalls übermäßiges Engagement an den Tag gelegt. So wird der gesamte Tag weit über die Bürozeiten hinaus ein „Gipfel-Tag" – der Cortisolüberschuss wird gar nicht mehr abgebaut und macht den Menschen dauerhaft empfindlich. Kein Wunder, dass er dann zu Hause den Lärm der spielenden Kinder nicht mehr erträgt oder die gerunzelte Stirn des Partners auf sich bezieht und genervt überlegt, was er nun schon wieder falsch gemacht haben könnte. Auf der einen Seite spürt sein Körper nach dem anstrengenden Tag ein absolutes Ruhebedürfnis, auf der anderen Seite halten ihn eine hohe Wachsamkeit und die steigende Empfindlichkeit auf Trab. Übermüdet liegt er dann in der Nacht auf seiner Hälfte des Ehebettes wach und bekommt kein Auge zu.

Damit diese Ermüdungsphasen nicht so als störend empfunden werden, wird üblicherweise der Trick angewandt, das Adrenalin hoch zu halten. Dann ist das bleibende Hochgefühl garantiert. Bloß kein Runter, bloß kein Tief! Der Gipfelstürmer beziehungsweise Gipfelhalter verfällt einer regelrechten Sucht nach Adrenalin, weil es sich dort auf dem Gipfel eben so gut anfühlt. Doch wie im Flugzeugbau gilt auch hier: Runter kommen sie immer. Und wenn es schon nicht kontrolliert geschieht, dann gibt es eben eine Bruchlandung …

Der Grund für die gesteigerte Anspannung der ausbrennenden Menschen und deren Unfähigkeit, zur Ruhe zu kommen, liegt also auf der körperlichen Ebene. Da stellt sich die Frage: Wenn sich der Grund für die Anspannung im Einzelnen findet, liegt dort vielleicht auch der Grund, warum Wellness-Angebote und Formen des Ausgleichs nicht funktionieren? Liegen vielleicht einfach Anwendungsfehler vor? Ist also der Einzelne selbst schuld?

„Beim Entspannen bin ich der Schnellste"

Seine Frau setzte Detlef Mangold die Pistole auf die Brust: Entweder suche er sich endlich Hilfe oder sie würde sich eine Auszeit von der Beziehung nehmen. So könne und wolle sie nicht mehr weiterleben.

Der 56-Jährige war als Führungskraft in einem mittelständischen Unternehmen so gefordert von seiner Arbeit, dass für Freizeit oder Familie keine Zeit oder Energie mehr übrig war. Nachts schlief der grau melierte Porschefahrer unruhig und am Wochenende sorgte seine schlechte Laune regelmäßig für Auseinandersetzungen mit seiner Frau. Sein Arzt hatte ihm schon vor einiger Zeit geraten, etwas Körpergewicht zu reduzieren und das Rauchen einzustellen, doch die besten Vorsätze wurden durch die zahllosen täglichen Stresshöhepunkte im Job immer wieder außer Kraft gesetzt. Doch nun klagte er schon zum zweiten Mal über Herzrhythmusstörungen – und daraufhin forderte seine Frau Konsequenzen: „Entweder du änderst etwas nachhaltig oder ich kann dich nicht länger unterstützen."

Detlef Mangold suchte neben dem Kardiologen nun auch einen Psychotherapeuten auf, in der Hoffnung, einen ultimativen Burnout-Tipp zu bekommen, der ihm zu Nachtschlaf und somit der Lösung all seiner Probleme verhelfen könnte. Der Arzt riet ihm, es mit Laufen zu versuchen. Da das mangoldsche Wohnhaus am Waldrand lag, böten sich doch regelmäßige Joggingeinheiten an, die nicht übermäßig viel Zeit und Aufwand in Anspruch nähmen. „Zwei Mal die Woche 20 Minuten joggen", so der Tipp des Therapeuten.

Also joggte Detlef Mangold los. Aus den 20 Minuten alle paar Tage wurden schnell eine Dreiviertel- und dann eine ganze Stunde jeden zweiten Tag. Er lud sich eine Sport-App auf sein iPhone, um ständig seine Leistung und deren Verbesserung überprüfen zu können, und bald war sein nächstes Ziel klar: Der Marathon im nahegelegenen Köln sollte es sein. Die Pulsuhr des Mannes wurde zu einem Tempomat, und unmerklich, aber beständig verschob sich die Leistungsgrenze immer weiter nach oben. Sein Körper dankte es ihm in einigen Bereichen – er verlor Gewicht, das Rauchen gab er auf, und er fühlte sich insgesamt fitter. Seine Frau nahm seine Anstrengungen wohlwollend zur Kenntnis und alle Probleme schienen gelöst. Das Laufen hatte auch eine positive Erschöpfung zur Folge und Detlef Mangold schlief etwas besser ein. Doch der Nachtschlaf blieb weiterhin gestört. Regelmäßig erwachte der Mann nach der ersten Tiefschlafphase und sein Kopfkarussell drehte sich wieder unaufhörlich. Die eigentliche Bearbeitung des Burnouts blieb leider auf der (Lauf-)Strecke.

Entspannen im Rekordtempo? Das funktioniert eben nicht.

Die Burnout-gefährdeten Menschen führen das Muster, dem sie im Job folgen, in allen Bereichen fort: Mit demselben hohen Leistungsanspruch, der sie im Büroalltag begleitet, treiben sie Sport. Und wer schon Powerarbeit verrichtet, der ist dann auch für Powerentspannung anfällig. Der hochgradig verdichtete Leistungsgedanke verlangt nach hoher Effizienz in kürzester Zeit, und zwar in allen Bereichen. Die Menschen belegen Kurse für autogenes Training oder progressive Muskelentspannung und erwarten zeitnah Ergebnisse. Sie beherrschen die Techniken des autogenen Trainings perfekt, sind aber im Anschluss dennoch nicht entspannt. „Ich mache doch alles richtig bei meinen Übungen – warum komme ich nicht zur Ruhe?“, lautet dann die Klage.

Der Perfektionierungs- und Machbarkeitsgedanke hält also auch bei der Entspannung an. Eigentlich haben die Menschen ihren gesamten Tagesablauf dem Bemühen untergeordnet, körperlich fit zu sein und gut schlafen können. Und wenn dann sämtliche Entspannungs- und Ernährungsrituale vollzogen sind und die Entspannung dennoch ausbleibt, droht hohe Frustration. Hier helfen weitere konkrete Tipps gar nichts. Die Betreffenden machen ja schon alles, doch keine der Techniken nützt. Denn wer selbst bei Entspannungstechniken zum Perfektionisten wird, trägt die im Job gemachten Fehler schlicht in die Freizeit hinein. Auf diese Weise ändert sich gar nichts am Stressempfinden. Viele meiner Seminarteilnehmer hoffen zwar, dass sie nun von mir den ultimativen Tipp bekommen, doch ich muss sie enttäuschen. Weder predige ich Kokosmilch statt Kuhmilch, noch gebe ich Entspannungsmethode X den Vorrang vor Meditationsübung Y.

Ich blicke regelmäßig in lange Gesichter, wenn ich deutlich mache, dass das Seminar keine zusätzlichen Entspannungstipps liefern wird.

All die bekannten Entspannungsmethoden sind ja nicht falsch! Das Wellness-Wochenende kann großartig sein, weil das Paar wieder einmal Zweisamkeit erfährt und Zeit für sich hat. Doch ein Wochenende löst keine grundlegenden Probleme. Und so entsteht ein fataler Aspekt des viel diskutierten Work-Life-Balance-Gedanken: Wenn der stressgefährdete Mensch im Job oder in all seinen anderen Verpflichtungen voll powern muss, dann hat er das Gefühl, er müsse auch bei der Entspannung alles geben. So wird er zu einem Entspannungs-Höchstleister, eine ähnlich absurde Vorstellung wie jemand, der ein gutes Glas Rotwein schnell trinkt. Bei dem Konzept der Work-Life-Balance geht es nicht darum, intensiv zu arbeiten und dann intensiv Freizeit zu machen. Vielmehr sind es die kleinen Unterbrechungen und Pausen, auf die ein Augenmerk gelegt werden sollte. Und das widerspricht den zahlreichen Wellness-Versprechen, die mit schneller und effizienter Entspannung winken („In 48 Stunden restlos entspannen“).

Also, wo liegt das richtige Maß der Entspannung für den Einzelnen? Kann die konkrete Planung ein Ausweg dazu sein?

„Einfach mal einen Gang zurückschalten“

„Ich will doch nur schlafen!“, stöhnte Norbert Wilkens. Der Leiter eines Logistikunternehmens hatte alles auf den bestmöglichen Nachtschlaf ausgerichtet. Obwohl der praktisch veranlagte Mann nicht unbedingt ein leichtes Opfer für Esoterik-Spielereien war, hatte er sein Schlafzimmer nach Feng-Shui-Regeln ausgerichtet und alle elektrischen Geräte daraus verbannt. Um alle störenden Geräusche von außen auszublenden, ließ er aufwändige Rollläden einbauen, die das Zimmer nahezu schalldicht verschlossen. Sein gesamtes Schlaf-Setting verbesserte er immer mehr, bis wirklich alles hergestellt, angeschafft und berücksichtigt war, was eine geruhsame Nacht garantieren sollte – inklusive des abendlich genossenen Glases warmer Milch. Einmal in der Woche stand ein Entspannungskurs im Sportstudio auf dem Programm. Außerdem achtete Norbert Wilkens auf einen relativ pünktlichen Feierabend und gemäßigten Alkoholkonsum. Formal machte der 49-jährige schlanke Mann mit dem blonden Bart alles richtig, dennoch kam er trotzdem nicht innerlich zur Ruhe. Auch auf der Testsiegermatratze unter Edeldaunen wälzte sich Norbert Wilkens schlaflos durch die Nächte. In einem Entspannungsratgeber las er den Tipp, dass sich gestresste Menschen ihre Pausen und Ruhephasen in den Kalender eintragen sollen, damit die Erholungsmomente feste Bestandteile des Alltags werden. Fortan stand bei Norbert Wilkens also: Dienstag und Donnerstag von 17:30 bis 18:15 Uhr – Entspannung.

Entspannung derart zu planen klingt zunächst einmal gewöhnungsbedürftig. Doch zahlreiche Zeitmanagement-

Ratgeber, die verschiedene Stressfaktoren berücksichtigen, empfehlen genau das: Die Betreffenden sollen sich im Terminkalender feste Zeiten eintragen wie „MZ“ für „Meine Zeit“ und so für regelmäßige Unterbrechungen und Pausen sorgen. Auf diese Weise erhalten die Aspekte „Ruhe finden“ oder „Kräfte sammeln“ Raum und erlangen die gleiche Bedeutung wie das Meeting oder die Projektpräsentation.

Vielen Menschen hilft es, bewusst tagsüber kleine Unterbrechungen einzubauen, um abends nicht in das ganz große Loch zu fallen und den extremen Absturz zu erleben. Wenn sie ihre Mittagspause als solche im Outlook-Kalender eintragen, gelingt es ihnen, sie auch als Mittagspause wahrzunehmen. Wenn mir immer wieder Teilnehmer davon berichten, dass sie am PC essen und die Mittagspause quasi ausfallen lassen, weil sie in dieser halben Stunde dann endlich einmal Ruhe haben vor Telefonaten, rate ich dringend zu mehr Achtsamkeit für sich selbst. Einige Menschen können es nicht fühlen, wann sie eine Pause benötigen, deshalb macht es wirklich Sinn, Pausen-Termine festzulegen. Doch kann so etwas nachhaltig funktionieren? Entspannung nach Plan und fest terminiert?

In meinen Augen handelt es sich um einen fatalen Gedanken unserer Zeit und speziell der stressgeplagten Menschen, dass alles machbar und planbar scheint, somit auch die Erholung. Wer denkt: *Für die Entspannung nehme ich mir erst wieder in der kommenden Woche Zeit*, ist von einer Entspannung sehr viel weiter entfernt als nur eine Woche. Er agiert, als sei Entspannung ein Medikament, das er sich nur zu bestimmten Zeiten zuführen muss und das dann von allein wirkt. Bei diesem Vorgehen müssen Entspannung und Erholung theoretischen Vorgaben gehorchen und präzise durch einstudierte Methoden auf den Punkt funktionieren. Der Machbarkeitsgedanke, der dahintersteckt, besagt: „Ich mache doch alles richtig, warum bin ich denn nicht entspannt?“

Viele Seminarteilnehmer möchten ganz konkrete Hilfestellung für ihren Alltag. Ich soll ihnen Knöpfe zeigen, die sie einfach drücken können, damit Entspannung funktioniert. Schließlich sind sie es gewöhnt, dass das, was sie wollen, planen oder machen, auch funktioniert. Kein Wunder, dass die Wellness-Produzenten hier auf offene Ohren stoßen. Was können die gestressten Menschen aber tun, wenn eine ganze Industrie versagt beziehungsweise den falschen Weg weist? Was bleibt, wenn gut gemeinte Tipps oder das Schaumbad bei Walgesängen nicht helfen, sondern allenfalls nur kurze Lichtblicke sind?

Macht das überhaupt Sinn?

Wenn der Stress der Menschen auf der körperlichen Ebene entsteht, liegt der Gedanke nah, ihn auch auf dieser Ebene zu bekämpfen. In einem Seminar sprach ich mit den Teilnehmern über ihre Schlafgewohnheiten. Nachdem jeder über seine mehr oder weniger ausgeprägten Defizite bezüglich des Nachtschlafs referiert hatte, löste ein allgemeines Gelächter den Druck, als alle feststellten, dass man sich ja nachts zur Telefonkonferenz verabreden könne, da sowieso alle wach lägen. Die Teilnehmer fanden es tröstlich, dass es den anderen auch so ging und sie mit ihrer Schlaflosigkeit nicht allein waren. So verschieden die Branchen waren, in denen die Männer tätig waren, so ähnlich waren die nächtlichen Muster: Sie arbeiteten nachts weiter, wobei sie zwar natürlich nie zu einer Lösung ihrer Probleme kamen, sie die kreisenden Gedanken aber trotzdem nicht abstellen konnten.

Die klassische Stressprävention zielt darauf ab, Dinge zu *tun*, um den erhöhten Adrenalin- und Cortisolspiegel herunterzufahren. Die Betreffenden sollen sich bewegen, Pausen einlegen und so einen Ausgleich auf physiologischer Ebene herstellen. Doch etliche Seminarteilnehmer gingen gar einen Schritt weiter, als sie erkannten, dass kein Kleopatrabad und kein Entspannungskurs mehr helfen konnte.

Was für den Urzeitmenschen das Kaninchen im Unterholz war, kann für den Büromenschen sein aktuelles Projekt sein, das gerade fertiggestellt werden muss. Der Termindruck mobilisiert alle Ressourcen, die Adrenalinsteigerung sorgt für ein Hochgefühl, der Arbeitende erfreut sich an seiner höheren Leistung. Aber nach Abgabe des Projektes ersetzt das Cortisol das Adrenalin, und das hat eine übersteigerte Empfindlichkeit zur Folge. Das kleinste Stressmoment wird zur Reizüberflutung. Wenn es also ein Mittelchen gäbe, das dieses Cortisol im Zaum hält, dann wäre das doch eine Lösung, oder?

Der hormonelle Gegenspieler des Cortisol heißt DHEA. In Deutschland ist das Mittel nicht zugelassen, aber via Internet gibt es keine Beschaffungsgrenzen und so haben auch etliche meiner Teilnehmer in ihrer Verzweiflung Erfahrungen damit gemacht. Ich persönlich halte das für bedenklich: Schließlich greift man hier in ein diffiziles hormonelles Wechselspiel ein. Um das Mittel überhaupt annähernd exakt zu dosieren, ist eine langfristige Untersuchung notwendig, die den Cortisolspiegel zu verschiedenen Zeiten bestimmt, da dieser ja im Laufe des Tages durchaus hoch sein darf, nur eben nicht konstant. Doch wenn der Druck groß genug ist, sind die Menschen bereit, die Grenzen der Legalität und des Selbstschutzes zu überschreiten, um von ihrem überdrehten Zustand herunterzukommen. Sie zahlen nicht nur materiell einen hohen Preis für die hilflose Suche nach einem Ausweg aus ihrem Leiden. Für mich zeigt die Tatsache, dass Menschen in ihrer Not sogar auf nicht freigegebene Präparate zurückgreifen, wie schlimm das Problem und wie hoch der Leidensdruck der Betreffenden ist. Und wie wenig Wirksames die Wellness-Industrie dagegen zu bieten hat.

Daher ist es wichtig, dass die Betroffenen mit der richtigen Erwartungshaltung an die einzelnen Wellness-Angebote herangehen. Sie müssen sich im Klaren darüber sein, dass ihre grundlegenden Probleme durch Duftöle und Hot-Stone-Massagen ganz sicher nicht gelöst werden. Allenfalls verschaffen solche Anwendungen oberflächlich und nur für kurze Zeit Linderung.

Doch dann stellt sich die Frage: Wie kommen wir an die Wurzel des Problems? Wenn alle Wellness-Strategien und -Produkte im Grunde wirkungslos bleiben, was hilft dann weiter? Was macht wirklich Sinn?

Kapitel 6

Wenn es keine Rolle mehr spielt oder: Der Verdacht erhärtet sich

„Wer sind Sie?", fragte ich den Mann. Er war knapp 50, etwas untersetzt und in seinen Haaren war nur wenig Grau zu sehen. Auf mich wirkte er sehr sympathisch. Er trat selbstbewusst auf und schien fast ein wenig erfolgsverwöhnt. Bestimmt war er gut im Verkaufen und bei Kundengesprächen, Eigenschaften, die für einen Unternehmensberater ja sehr nützlich sind.

In seinem Unternehmen war er für 300 Mitarbeiter verantwortlich, seine Führungsposition hatte er sich hart erarbeitet. Arbeit, das war auch sein Fokus, als er meine Frage beantwortete. Ich hatte ihn gefragt, wer er sei, und er antwortete mit einer Beschreibung seiner beruflichen Aufgaben. Also hakte ich nach: „Sehr interessant, was Sie tun. Ich wollte aber nicht wissen, was Sie tun, sondern wer Sie sind."

Hier stutzte er und wirkte zum ersten Mal ein wenig verunsichert. Alle Charakteristika, die er dann aufzählte, um sich zu beschreiben, hatten mit Leistung zu tun. Was er sagte, schüttelte er sich nicht aus dem Ärmel. Ganz offensichtlich hatte er sich schon viele Gedanken über sich und seine Situation gemacht. Doch immer wieder landete er bei der Beschreibung seiner Persönlichkeit beim Thema „Arbeit“. Er suchte nach den Stellen, an denen er den Knackpunkt für seine Erschöpfung vermutete, die Stellen, an denen er seine Energie verloren hatte. Wie ferngesteuert übernahm er die gängigen Muster und schob die Verantwortung für sein Burnout dem unpersönlichen „System“ zu, nämlich der Verdichtung der Arbeit um ihn herum. Das erschien ihm verständlich und gut kommunizierbar.

Doch ich insistierte: „Gut, aber wer sind Sie?“

Als wir uns der Kernfrage nach dem wahren Ich langsam näherten, geriet die sonore Stimme des Mannes ins Stocken. Er nahm seine Brille ab und rieb sich die Augen. Da seine gesamte Selbstwahrnehmung auf dem Grundsatz „Ich leiste, also bin ich“ fußte, musste er sich jetzt die Frage stellen, was denn von ihm überhaupt noch übrig blieb, wenn man die Leistungsfähigkeit, die ja derzeit ohnehin am Schwinden war, abzog. War er ohne Leistung *nichts mehr*?

Sich aus dieser Perspektive zu betrachten und außer Leistung einfach nichts zu erkennen, nichts zu finden, nichts zu fühlen, war für ihn erschreckend, schockierend und nach einigen Momenten unendlich traurig. Als ich ihn bat, seinen Namen zu nennen und in einem Satz zu sagen, wer er sei, kämpfte er mit den Tränen. Nach einer Weile sagte er leise: „Ich bin … am Ende.“

Das verlorene Ich

Es scheint, als suchten wir die Ursachen von Burnout immer mithilfe einer unvollständigen Landkarte. Kartierte Gebiete werden immer wieder abgeklappert, die ausgetretenen und vertrauten Pfade werden beschritten. Im großen Feld der sogenannten „Wellness" wird immer gefragt: „Wie fühle ich mich?" – Sobald es um die Arbeit geht, lautet die Frage: „Was mache ich?"

Aber was ist mit den weißen Flecken? Was ist mit den Gebieten, die in der realen Welt vielleicht durchaus vorhanden sind, nur bislang nicht auf unserer geistigen Landkarte verzeichnet? „Was man weiß, sieht man erst", erkannte schon Goethe, und darum müssen wir vor allem die unüblichen Fragen stellen, wollen wir die unerforschten Gebiete erkunden.

Anstatt also zwanghaft auf den ausgetretenen Pfad der zweifellos vorhandenen Verdichtung von Arbeit und der Beschleunigung unserer Lebensweise zu schauen, anstatt die uns umgebende Welt nach Erklärungen für das Phänomen „Burnout" abzusuchen, können wir auch die Persönlichkeit und die Biografie der Betroffenen in den Fokus nehmen. Denn wenn die Ursache nicht im äußeren Getriebe liegen sollte, sondern im Inneren der Menschen, dann finden wir sie im Außen eben nicht.

Ich will die Verdichtung der Arbeit nicht in Abrede stellen. Schließlich ist der Job, der Chef, das Unternehmen oder gar „die Wirtschaft" oder „die moderne Welt" auch ein schöner Gegner. Er ist klar zu fassen und zu beschreiben oder zumindest zu umreißen. Die Lösung für zu viel Arbeit scheint letztendlich so schön einfach: eben weniger arbeiten. Doch je mehr ich mich mit den Menschen selbst beschäftigte statt mit ihrem Arbeitsumfeld, desto klarer wurde mir: Dieser Ansatz reicht nicht aus. Wir müssen uns den ganzen Menschen anschauen. Denken Sie an Miriam Meckel, die alle Hintergründe für ihr Burnout zu kennen schien und alle Strategien kannte, die Hilfe versprachen. Doch keine der Maßnahmen nutzte etwas: Nachdem sie alles aufgeschrieben und analysiert hatte, rutsche sie drei Jahre später trotzdem ins Burnout.

Einer dieser weißen Flecken auf der Landkarte findet sich, wenn ein Arzt einen erschöpften Menschen krankschreibt und dieser sich fortan ausgiebig seinem liebsten Hobby, sagen wir, der Musik, widmet – würden Sie da nicht erwarten, dass es diesem Menschen nach einiger Zeit wieder besser geht? Dass er seine Akkus wieder aufladen kann, sich erholt und bald wieder im Job angreifen kann? Genau das ist das gängige Denkmuster, das in der Realität nicht greift. Denn die Wahrheit ist: Die Krankheitssymptome des Menschen werden sich verschlimmern. Er kann sich körperlich und geistig erholen, keine Frage, aber Burnout ist eine seelische Erschöpfung, keine körperliche und auch keine geistige. Der Patient entfernt sich durch die Auszeit nur noch weiter von dem, was ihn eigentlich ausmacht: der eigenen Leistung und dem Rahmen dafür. Eine Auszeit nehmen und Klavier spielen – das ist keine Lösung.

In meinen Augen ist das ein klarer Beleg dafür, dass die Ursachen des Burnout im Selbstbild der Menschen liegen, in ihrem Rollen- und Werteverständnis. Und dafür, dass der Burnout in den meisten Fällen falsch behandelt wird. Wir haben das Phänomen einfach noch nicht richtig verstanden. Wir gehen vor wie ein Arzt, der ein gebrochenes Bein mit Erkältungstee behandelt oder eine gebrochene Stimme mit einem Gipsverband, nur weil das an der Universität so gelehrt wurde.

Mit ein wenig Nachdenken abseits der ausgetretenen Pfade kann jeder leicht Belege dafür finden, warum Burnout nicht vom Job kommen kann. Denken Sie beispielsweise an Menschen aus anderen Kulturkreisen: In St. Petersburg ist es völlig normal, dass Frauen zwei Jobs haben. Mit Nachtarbeit und Schichtdienst schaffen sie den Spagat zwischen den Jobs und der Familie – und brennen doch keineswegs massenweise aus. Es ist nicht die Menge der Arbeit im Außen, die die Menschen emotional müde zurücklässt, sondern die Leere im Inneren. Das verlorene Ich.

Wenn es darum geht, sich dem Ich zu nähern, kommen wir nicht herum, uns mit der eigenen Biografie zu beschäftigen: Inwiefern ist das, was wir erlebt haben, relevant für unsere Identität in der Gegenwart? Wir müssen die Vergangenheit in die Gegenwart holen, um sie neu deuten zu lernen. So erkunden wir die eigene Identität.

Weil der Mensch ein soziales Wesen ist, lässt sich die Identität nicht von den engen Beziehungen trennen. Sie erst machen uns aus. Um Klarheit über die wichtigen Beziehungen, Bindungen und Konstellationen zu bekommen, kann es beispielsweise hilfreich sein, den eigenen Stammbaum aufzustellen, besser noch ein Genogramm, das zahlreiche Informationen über die Mitglieder der Familie und ihre Beziehungen zueinander enthält. Genogramme zeichnen in grafischer Form Informationen über eine Familie auf und ermöglichen so einen raschen

Überblick über komplexe Familienstrukturen. Es sollte mehrere Generationen umfassen, das heißt mindestens Großeltern, Eltern, die eigene Ebene und die der eigenen Kinder.

Für die Arbeit mit der Biografie nehme ich mir in der Regel zwei Tage Zeit. Zunächst wird die schlichte Struktur der Familie erstellt; dazu gibt es ganz klare formale Vorgaben: Unter anderem wird der Vater quadratisch dargestellt, die Mutter rund, das älteste Kind steht ganz links. Heute ist es ja leider so, dass jede zweite Ehe scheitert, andere sich überhaupt nicht langfristig binden wollen. Immer wieder entstehen so Patchworkfamilien mit Kindern aus verschiedenen Beziehungen. Entsprechend ihres Alters werden die Kinder nacheinander eingesetzt.

Um alle Personen gut platzieren zu können, empfiehlt sich ein DIN-A3-großes Blatt, auf dem auch Platz für Korrekturen ist. Schon bei dieser ersten schlichten Struktur, bei der es nur um den eigenen Strang und nicht um den des Partners geht, wird einem Burnout-Patienten typischerweise schnell klar: Die klassische Familie mit den ganz einfachen und klaren Strukturen wie im berühmten Rama-Margarine-Frühstücks-Werbespot gibt es gar nicht oder nicht mehr so häufig: Das Chaos, das sich vor ihm ausbreitet und in dem er versucht, irgendwo seinen eigenen Platz zu finden, entspricht meistens überhaupt nicht der konventionellen Vorstellung, wie eine Familie zu sein hat (und die der Patient ebenfalls noch – unbewusst – mit sich herumträgt).

„Ich komme aus einem riesigen Chaosladen“, seufzte einmal eine Frau in den mittleren Jahren, die sich mit einem Kosmetikstudio selbstständig gemacht hatte. Und man konnte ihr die Erleichterung förmlich ansehen, als sie die ebenso chaotischen Genogramme anderer Leidensgenossinnen sah.

Wenn die Grundstruktur der Familie steht, können in der Arbeit mit dem Genogramm ganz unterschiedliche Fragen gestellt werden, unter anderem: „Wie alt sind die Familienmitglieder geworden?“, „Welche Krankheiten hatten sie?“, „Gibt es Paradiesvögel in der Familie?“, „Welche Berufe hatten die Familienmitglieder?“ oder auch: „Welchen sozialen Status?“

Das Lebensgefühl in einer Familie von Beamten ist typischerweise ein anderes als das in einer Familie von Selbstständigen. Die Ausgebrannten gestalten ihre Genogramme und erforschen dabei sich selbst: „Aha, ich komme aus einer Familie mit einer bestimmten Struktur und deshalb bin ich so und nicht anders!“ Sie erkennen, dass es innerhalb der Familiengemeinschaft klare Vorgaben und Werte gibt.

Viele Burnout-Patienten, die ich getroffen habe, erkennen an dieser Stelle, dass sie selbst der „bunte Vogel“ sind, weil sie unter lauter Arbeitern der Erste in der Familie waren, der studiert hat, die erste Kreative waren, der Erste ohne Kinder, das erste weibliche Familienmitglied mit beruflichem Erfolg oder was auch immer. Auf die eine oder andere Weise haben sie das Familiensystem mit dessen festen Vorgaben auf ihrem Lebensweg ein Stück weit verlassen oder durchbrochen. Nun betrachten sie im Detail, mit welchen Vorgaben sie aufgewachsen sind; schließlich sind sie ja nicht einfach so in die Welt geworfen worden: Innerhalb der Familie gibt es eine bestimmte Kultur, ein Lebensgefühl, ein Set aus Verhaltensweisen und Standpunkten. Und wer dieses Familiensystem in irgendeiner Weise verlässt, betritt unsicheres Neuland.

Die Individualisierung von Lebensläufen und das Aufbrechen von Familientraditionen erzeugt Stress, in unserer Zeit besonders. Die Biografien werden heute zunehmend ganz individuell gestaltet. Es gibt keine klaren Vorgaben mehr, die das eigene Schicksal lenken und bestimmen. Niemand muss mehr bei den Leisten bleiben, nur weil der Vater Schuster war. Jeder kann die Entscheidungen für sein Leben selbst treffen, sogar mehr als nur ein Mal. Diese Freiheit hat aber ihren Preis. Wie mein Leben auch verläuft: Ich trage selbst die Verantwortung dafür. Wenn der Sohn eines Bäckers früher erwachsen wurde, folgte er selbstverständlich, ungefragt und mit großer innerer Sicherheit der Lebensspur seines Vaters. Die äußeren Umstände wurden nicht infrage gestellt. Heute kann er sich anders entscheiden, ist dann aber auch selbst schuld, wenn er dunkle Phasen in seinem Leben durchmacht. „Hättest du eben den Betrieb übernommen!"

Trug früher die Familie als Gemeinschaft stärker die Verantwortung für den Einzelnen, ist das Individuum heute auf sich selbst gestellt. So kann die Freiheit eines individuellen Lebenslaufs jenseits der vorgegebenen Strukturen zum stressigen Hürdenlauf werden.

Auf dem Genogramm finden sich häufig auch Wurzeln, zu denen die Ausbrenner keinen Zugang mehr haben. Die aber sind meistens besonders interessant: Eine Teilnehmerin in einem Seminar erkannte: „Da gab es doch diese verrückte Oma, die Hutmacherin war … Ich fühle mich der Frau stark verbunden, obwohl mir der Kontakt als Kind immer untersagt war. So bin ich mit meinem kreativen Beruf vielleicht doch gar nicht so *aus der Art geschlagen*, obwohl ich aus einer Arbeiterfamilie stamme."

Der nächste Schritt in der Beschäftigung mit dem Genogramm ist die Skizze des eigenen Werdegangs: Wie lassen sich die Wendepunkte im Leben darstellen, an denen der Fluss des Lebens eine Biegung nehmen musste, weil irgendetwas geschehen ist? Wie ist der Mensch mit diesen Wendungen umgegangen? Wie hat er nach einem Umzug in der neuen Schule Freunde gefunden? Wie ist er mit einer Trennung umgegangen? Wie hat er auf Misserfolge reagiert?

Bei solchen Wendepunkten muss es nicht zwangsläufig um die großen Ereignisse gehen, sondern etwa Momente wie: „Da hat jemand etwas gesagt" oder: „Ich habe mitbekommen, dass …" Anhand dieser Punkte zeigt sich bei den Ausbrennern, mit denen ich arbeiten darf, in der Regel, dass sie auf Hindernisse und Hürden im Leben mit großer Disziplin und ausgeprägter Anpassungsfähigkeit reagieren. Sie ziehen sich bildlich gesprochen an den eigenen Haaren aus dem Sumpf.

Nun darf ein Titel gefunden werden für die Wendepunkte und für die Familie. Die Struktur und die Hindernisse sollen ein Motto bekommen, einen Namen. Bei der Familie können dieser lauten: „Die Chaostruppe", „Der Spießerclub" oder: „Die Gerechten". Und die Wendungen können heißen: „It's my way" oder: „An den eigenen Haaren aus dem Sumpf" oder: „Hürdenspringer".

Um die eigene Rolle innerhalb eines Familiensystems und dessen Bedeutung zu erkennen, ist manchmal auch der Blick in die biografische Vorgeschichte notwendig.

Ein sehr erschöpfter Mann fand den Schlüssel zur Struktur seiner Familie, indem er sich die Biografie seines Vaters anschaute. Dieser wuchs auf dem großelterlichen Bauernhof auf in der sicheren Gewissheit, dass sein älterer Bruder den Hof einmal übernehmen würde. Doch dann geriet der Bruder in Kriegsgefangenschaft und seine Eltern konnten die anfallende Arbeit kaum noch bewältigen. Da übernahm eben der Vater des Erschöpften den Hof, obwohl er das nie gewollt und ihn die Landwirtschaft nie interessiert hatte. Er lernte Agrarwirtschaft und half der Familie als Bauer über die Runden.

Doch dann kam der vermisste Bruder aus dem Krieg heim – und weil es immer so besprochen worden war, erhielt dieser dann auch den Hof. Nun hatte der jüngere Bruder den ungewollten Beruf Landwirt gelernt und wusste nicht, was er sonst noch hätte machen können. Fortan verdingte er sich als Knecht in anderen Betrieben. Er hatte nicht den Mut und die Kraft, noch einmal neu anzufangen und seinen Wunschberuf zu erlernen. Das Lebensgefühl, das mein Seminarteilnehmer von seinem Vater mitbekommen hat, war: „Es hat sowieso alles keinen Sinn. Man muss nehmen, was kommt. Man kann sowieso nichts machen." Dieses Lebensgefühl der Resignation zog sich durch die gesamte Familiengeschichte.

Eine andere Patientin stammte aus einer Bäckerfamilie. Solange sie denken konnte, zogen die Düfte der Backstube durch ihr Leben. Die elterliche Wohnung befand sich über dem Laden; es gab keine wirkliche Abgrenzung. So wie der Duft seinen Weg bis in den hintersten Winkel des Alltags fand, war auch das väterliche Bäckerhandwerk in Form von Kunden, die nach Feierabend klingelten, oder durch die fehlende Sonntagmorgenruhe allgegenwärtig. Die Familie war die alteingesessene Bäckerfamilie des Dorfes, und es bestand kein Zweifel, dass die Tochter den elterlichen Betrieb übernehmen würde. Doch schon in jungen Jahren formte die Kleine aus Teig lieber Fantasiebauwerke als solide Backwaren, und gegen allen Widerstand aus Familie und Dorfgemeinschaft schaffte sie es, eine Ausbildung als Architektin zu absolvieren und einen Beruf zu ergreifen, der sie von Herzen interessierte und ausfüllte. Dennoch kam sie müde und abgeschlagen zu mir. Der freie Fall aus dem sicheren Nest schien nirgendwohin zu führen und dauerte noch immer an; die aufgegebene Rollensicherheit war noch nicht durch etwas anderes ersetzt worden.

Lange dachte ich, dass alle diese Schicksale, die mir im Rahmen meiner Arbeit begegnen, Einzelbiografien seien, die zwar eindeutig auf individuelle Probleme hindeuten, jedoch kein Muster erkennen lassen. Meine Frage war: Was nur ist es, das all diese Menschen und ihre Lebensgeschichten miteinander verbindet?

Ich fand durchaus Gemeinsamkeiten: Alle Burnout-Kandidaten haben ihr Leben auf eine individuelle Weise sehr selbstständig gemeistert. Sie sind nicht den ausgetretenen Pfaden einer Gemeinschaft gefolgt, sondern haben ihr Leben auf ihre eigene Art und Weise gestaltet. „I did it my way" von Frank Sinatra könnte man bei fast allen Teilnehmern im Hintergrund mitlaufen lassen.

Der Song könnte ja auch mal lauten: „Ein Freund, ein guter Freund" oder: „Bochum, ich komm aus dir" oder: „We are family", aber hervorstechend ist immer der ganz eigene Weg, den sie mit Fleiß, Durchsetzungsvermögen und individuellen Problemlösungsstrategien gehen und nicht getragen von der Gemeinschaft, dem Nest, den Gleichgesinnten.

Jeder hat seine Wurzeln und spürt die vorgegebenen Erwartungen der Familie. Wir alle sind immer von Idealen, Vorgaben und Vorbildern umgeben. Wir werden in vorgegebene Rollen hineingeboren, die uns oft nicht bewusst sind. Die Art, wie sich der Umgang mit diesen Rollen gestaltet, ist die Basis für die eigene Identität. Denn die Frage nach den Rollen ist verbunden mit der ganz grundlegenden Frage: „Wer bin ich?" Oder etwas hintergründiger: „Bin ich der, der ich eigentlich bin?" Oder etwas spiritueller: „Bin ich der, der ich sein sollte?"

Wenn aber ein gestandener Mann auf die Frage, wer er ist, zuerst ausweichend antwortet und dann in Tränen ausbricht, wenn ihn das Forschen nach dem wahren Ich so völlig aus der Bahn wirft, drängt sich die Frage auf: Sind es die Rollen im Leben, die bei Burnout-Kandidaten nicht im Lot sind? Ist das der Ansatzpunkt? Liegen die Anlagen für einen Burnout in der Vergangenheit, im Lebenslauf? In der Diskrepanz zwischen dem ausgesprochenen oder stillschweigenden Anspruch der Familie und dem den Betroffenen umgebenden sozialen Feld einerseits und dem gefühlten Ich andererseits? Könnte es sein, dass die Menschen innerlich ausbluten, weil sie ihre legitime, sichere Rolle im Leben nicht finden können?

Was Sicherheit gibt

Karina Holsen hat ihre totale Ermattung überwunden. Die 35-jährige Betriebswirtschaftlerin arbeitete in einem Versandhandel und hatte eigentlich keine konkreten Missstände zu beklagen. Doch sie fühlte sich ständig überfordert und alleingelassen. Auch wenn sie alle Probleme zur Zufriedenheit der Vorgesetzten bewältigte, hatte sie immer das Gefühl, am falschen Platz zu sein. Erst als ihre Schlaflosigkeit überhandnahm und sie kurz vor dem Zusammenbruch stand und ihr Lebensgefährte ihr das Messer auf die Brust setzte mit der dringenden Forderung, etwas an ihrer Lebensunfreude zu ändern, bewarb sie sich bei anderen Firmen.

Und dieser Wechsel in ein anderes Unternehmen änderte alles: Karina Holsen kam in eine Arbeitsgruppe, die den Vertrieb des Unternehmens neu aufstellen sollte. Ihre Aufgaben sind heute klar umrissen, ihr Platz in der Gruppe ebenso. Sie bekommt innerhalb der Gruppe und innerhalb der gesamten Firma ausdrückliche Anerkennung und dazu sehr viel Hilfe und Unterstützung. Die feingliedrige Frau fühlt sich dort wohl und ihr gesamtes Auftreten, ihr Gang und ihre Körperhaltung drücken seitdem Kraft und Zuversicht aus. Die junge Frau hat nun das Gefühl, ihren Platz im Leben gefunden zu haben, sie kann nachts gut schlafen und das Wochenende entspannt mit ihrem Freund genießen. Obwohl der Arbeitsalltag fordernd ist und sie oft Überstunden machen muss, schafft sie es, regelmäßig zum Sport zu gehen und sich nicht nur vor dem Bildschirm zu ernähren, wie es vorher häufig der Fall war.

Doch woher genau kommt ihr neues Lebensgefühl? Der neue Job ist objektiv anstrengender als der vorherige, hinzu kommen eine weitere Anfahrt zur Arbeitsstelle und neue Computerprogramme, in die sie sich einarbeiten muss, was den realen Druck zusätzlich erhöht. Dennoch geht es Karina Holsen besser. Wenn man sie fragt, kann sie klar benennen, was den Unterschied ausmacht: Ihre berufliche Rolle ist nun eindeutig definiert. Das gibt ihr Klarheit und Sicherheit.

Deutlich umrissene Rollen reduzieren die Komplexität unserer riesigen, bunten Welt und machen es uns einfacher, zu handeln und zu entscheiden. So müssen wir in einer eindeutigen Rolle die Lebensenergie nicht mehr dafür aufwenden, ständig Erwartungen, Aufgaben, Wünsche und Anforderungen zu klären. Eindeutig zu wissen, was von einem erwartet wird, sowie die Gewissheit, diese Erwartungen auch erfüllen zu können, bietet Sicherheit und Verlässlichkeit, ermöglicht Gelassenheit. Wer eine Rolle ausfüllt, erfährt fortwährend Bestätigung durch seine Umwelt. Er fühlt sich unbestritten zugehörig und muss um nichts kämpfen. Anders gesagt: Er spürt einen Sinn.

Für Karina Holsen passt momentan alles. Zu was aber würde es führen, wenn diese Frau wenige Wochen nach dem Beginn in der neuen Firma das Angebot bekäme, die Leitung des Ressorts und damit auch der Gruppe zu übernehmen? Was würde passieren, wenn sie so mit wechselnden Anforderungen konfrontiert würde und eventuell merkte, dass sie wieder versucht, die falschen Rollen auszufüllen?

Was eigentlich verloren geht

Maria Fein konnte nicht stehen. Sie konnte nicht sitzen. Sie ging permanent im Seminarraum auf und ab, weil ihr Rücken und Beine so wehtaten, dass nur die leichte Bewegung im Gehen auszuhalten war. Die 43-Jährige kam extrem erschöpft in mein Seminar. Haare und Augen glanzlos, die Schultern immer ein wenig zu den Ohren gezogen. Wegen ihrer körperlichen Beschwerden trug sie bequeme Schuhe zu ihrem grauen Leinenanzug. Die Frau, die in einer Arbeiter-Angestellten-Familie aus der Industrie in Süddeutschland aufgewachsen war, war promovierte Chemikerin. Maria Fein stand vor ihrem Genogramm und stellte fest, dass sie nicht nur die erste Akademikerin in der Familie war, sondern dann auch noch in relativ jungen Jahren ihren Doktortitel erworben hatte.

Sie war klug und interessierte sich schon immer für Chemie – so war der eingeschlagene Weg für sie eher selbstverständlich. Doch dieser Weg führte sie heraus aus der Gemeinschaft der Familie, denn er widersprach den unausgesprochenen Konventionen der Familienkultur. Der Mann, für den sich Maria Fein dann entschied und den sie heiratete, entstammt wie sie einer Arbeiterfamilie. Er war der Hauptverdiener der Familie, zu der mittlerweile auch zwei Kinder gehörten. Maria Fein hatte einen Teilzeitjob, bei dem sie an kleinen Verkaufsständen in Supermärkten eine neue Gesundheitsmargarine bewarb. Die Kunden konnten das Produkt dort probieren und Informationen darüber erhalten. Maria Fein stand hinter dem Verkaufsstand – bis sie eben nicht mehr stehen konnte.

Ihr Chef war natürlich glücklich, in diesem schlichten Job eine promovierte Chemikerin zu beschäftigen, aber es war offensichtlich: Die Frau war hoffnungslos überqualifiziert.

Warum nur stellte sie ihr Licht derart unter den Scheffel? Die Antwort liegt auf der Hand: Aus ihrer Herkunftsfamilie war sie durch ihre Abkehr aus dem Arbeitermilieu herausgefallen. Jetzt wollte sie aus ihrer neuen Familie, ihrer eigenen, auf gar keinen Fall ebenfalls herausfallen. Sie verdingte sich als Margarine-Hostess, um sicherzustellen, dass sie keinesfalls erneut die Zugehörigkeit zu ihrer wichtigsten Gemeinschaft verliert. Sie wollte den Rollenerwartungen, die ihr Mann mit in die Ehe gebracht hatte, nicht zuwiderhandeln. Und eine der unausgesprochenen Regeln war in dieser Familie nun einmal, dass der berufliche Status des Mannes höher zu sein hat als der der Frau. Der Mann ist der Ernährer, eine Position, die nicht verhandelbar ist.

Das intelligente Feuer in ihr, das brennen und leuchten wollte, deckelte sie, um die intellektuelle Aura zu vermeiden, die sie schon einmal aus dem Nest hatte fallen lassen. Ihr war die Ursache für die Schmerzen in ihren Beinen völlig unklar. Für mich war nach kurzer Zeit durch meinen Blick von außen eindeutig: Die Frau steht einfach an der falschen Stelle (nämlich im Supermarkt hinter ihrem Verkaufstischchen).

Das gravierende Problem in ihrer Biografie war, dass sie ihre eigene Rollenzuschreibung über Bord werfen und fremde Rollenkonventionen lernen musste. Zunächst der Aufbruch aus der elterlichen Arbeiterfamilie in ein unbekanntes, akademisches Umfeld. Dann wiederum das

Verlassen des akademischen Umfelds, um in der einfachen, liebenswerten Familie des Partners ein Zuhause zu finden. Da sie gefühlt dauerhaft am falschen Platz stand, schien ihr das nun das Stehen im wahrsten Sinne unmöglich zu machen.

Hinter den Problemen von Maria Fein steckt eine permanente Rollenunsicherheit. Und so geht es vielen Menschen, die mit Burnout zu kämpfen haben. Sie mussten in ihrem Leben ihre Rolle ständig neu finden und gestalten. Die Biografien der ausbrennenden Menschen wirken wie Variationen des immer gleichen Motivs der permanenten Anpassung.

Es gibt zum Teil hochdramatische individuelle biografische Ereignisse, die den Menschen prägen und beeinflussen, ohne dass er auf deren Verlauf hätte Einfluss nehmen können. Ein Mann erzählte mir von seinem Vater, der sich eines Tages auf dem Dachboden erhängt hatte. Sein jüngerer Bruder fand den Körper des Vaters und keine zwei Jahre später folgte er diesem und erhängte sich ebenfalls im Keller des Familienhauses. Der Mann fühlte sich bis heute über alle Maßen schuldig, dass er weder die Depression des Vaters noch die des kleinen Bruders erkannt hatte und so das Leben der beiden für ihn so wichtigen Menschen nicht retten konnte. Heute arbeitet der Mann in einer Schiffswerft als Vorarbeiter und ist für die Sicherheit eines großen Teams verantwortlich. Er schläft schon seit Jahren schlecht, obwohl ihm sein Beruf und seine Projekte Freude machen, obwohl sie ihn herausfordern und ihm viel Bestätigung einbringen. Aber der ständige Druck, für andere – für das Leben anderer – verantwortlich zu sein, macht ihn mürbe. Und als ein

Mann aus seinem Team bei einem Unfall am Arbeitsplatz schwer verletzt wurde, brach er zusammen. All die Jahre, in denen er nun schon die diffuse Angst in sich trug, durch eine mögliche Unaufmerksamkeit eines Tages wieder für den Tod eines anderen Menschen verantwortlich zu sein, ließen ihn in kürzester Zeit komplett ausbrennen. Der Mann hätte bei seiner Biografie trotz all seiner fachlichen Qualifikation niemals eine solche Verantwortung schultern dürfen.

Wenn vorgegebene Rollen nicht ausgefüllt werden oder ausgefüllt werden können, muss ein Mensch einen hohen seelischen Aufwand betreiben, um zu „funktionieren". Für immer wieder neu gefundene Biegungen im Lebenslauf müssen immer wieder neue Rollen gefunden werden. Ansprüche der Umgebung bleiben unerledigt – sie können vielleicht auch gar nicht erfüllt werden. Aber diese Ansprüche zehren die Menschen tagtäglich aus. Sie sind wie Fahrstuhlmusik, die im Hintergrund säuselt: „Du genügst nicht, du bist nicht okay, so wie du bist, du musst ein anderer werden, du musst dich entwickeln, du bist nicht gut genug, du bist der Falsche …", während der Aufzug langsam abwärts fährt.

Wenn die Rollen unsicher werden, verwischen oder ständig wechseln, dann wird die Frage nach dem eigentlichen Ich immer wichtiger und unüberhörbarer: „Bin ich wirklich eine Führungskraft? Bin ich wirklich ein Vater? Bin ich wirklich eine Ehefrau? Bin ich wirklich eine Verkäuferin? Bin ich wirklich Akademiker? Bin ich wirklich … wer bin ich eigentlich? Und vor allem: Wer bin ich, wenn ich die Rollenansprüche, die an mich gestellt werden, nicht aus- und erfüllen kann?"

In der Frage nach der Diskrepanz zwischen dem inneren und dem äußeren Ich, zwischen Identität und Anspruch, zwischen Rollenwahl und Rollenerwartung liegt der Schlüssel zum eigentlichen Problem.

Der emotionale Stress, den diese grundsätzliche, existenzielle Verunsicherung verursacht, ist so groß, dass die Menschen ihn, und seien sie auch noch so stark, auf Dauer nicht aushalten können. Heute lautet die Antwort auf die Frage „Wer bist du?" unterschwellig und allgemein: „Du bist der, den du aus dir machst. Wer du bist, das ist reine Verhandlungssache mit dir selbst." Und genau das löst kollektiven Stress aus. Die Zeiten des reinen Seins sind vorbei. Einmal Bergmann immer Bergmann, das geht heute nicht mehr. Wir leben in einer Zeit des aktiven Gestaltens von Biografien. Wir sind gezwungen, uns jederzeit neu zu erfinden.

Doch wenn die äußeren Rollen, insbesondere im Berufsleben, so unsicher und wechselhaft und unfertig sind, dann ist das Letzte, was wir hoffen, noch im Griff zu haben, die grundsätzlichen existenziellen Attribute, an denen wir erkennen, wer wir sind: Frau oder Mann.

Die Zugehörigkeit zu einem Geschlecht ist ein Faktum, an das sich die Identität klammert. Wenn ich auch kein Akademiker sein kann, wenn ich auch kein Unternehmer bin, wenn ich auch kein Kaufmann bin, immerhin bin ich ein Mann. Oder?

Kapitel 7

Schwankender Boden – Warum Gleichberechtigung stressig ist

Als meine drei Töchter noch klein waren, spielten sie mit ihren Freundinnen fast ausschließlich Rollenspiele. Ich hatte die kleine Schar noch mit Keksen und Äpfeln versorgt, bevor sie sich ins Kinderzimmer zum Spielen zurückzogen. Als ich nach einer Weile mein Büro verließ, sah ich zu meinem Erstaunen Meike vor der Tür des Kinderzimmers sitzen. Geduldig und offensichtlich überhaupt nicht verstimmt oder betrübt saß sie einfach da und lauschte den fröhlichen Kinderstimmen auf der anderen Seite der Tür.

Als ich sie fragte, was denn los sei, sagte sie im Tonfall allergrößter Selbstverständlichkeit: „Ich bin der Vater – ich bin bei der Arbeit."

„Ach, das ist ja schade. Dann kannst du ja gar nicht mit dabei sein."

„Ja, aber so ist das eben."

Ich hakte nach, und Meike erzählte munter, dass sie „Vater, Mutter, Kind" spielten. Sie sei der Vater, also sei sie sofort zur Arbeit aufgebrochen und warte nun, bis die Kinder im Bett seien, dann könne sie heimkommen.

Die Erkenntnis, dass das Spiel für das Mädchen, das die Vaterrolle ausfüllen sollte, einsam und langweilig war, ließ bei den kleinen Frauen nicht lange auf sich warten. Und schon hatten sie eine Lösung parat: „Wir spielen ‚Vater, Mutter, Kind' – der Vater ist gestorben." Meike bekam jetzt auch ein Kind und die Gruppe war wieder intakt.

Die große Freiheit

Jedem, dem ich diese Geschichte aus den 1980er-Jahren erzähle, reagiert mit einem Schmunzeln. Doch dann kommt regelmäßig die Aussage: „Zum Glück haben sich die Zeiten geändert und wir haben heute Gleichberechtigung!"

Ja, es ist wahr, es hat sich unbestritten viel getan in unserer Gesellschaft. Männer und Frauen können sich heute auf den verschiedensten Ebenen viel freier selbst verwirklichen. Die Zwänge und Grenzen gesellschaftlicher Konventionen sind nicht mehr so eng und streng wie damals. Früher war es so selbstverständlich, wie es heute rigoros erscheint, dass der Vater mit dem Familienleben tagsüber und wochentags nichts zu tun hatte. Seine Rolle war aus Sicht der Kinder vor allem dadurch gekennzeichnet, dass er weg war. Und das war normal und gut so, wie es war. Eine klare Sache. Aus Sicht des Vaters war die Rolle ebenso klar definiert: Er brachte das Geld nach Hause – eine unverzichtbare Funktion. Und aus Sicht der Mutter war klar: Erziehung, Haushalt, Schule, Einkaufen, Freundeskreis, die Einrichtung des Hauses, das war ihre Sache, und der Mann hatte dabei nichts mitzureden, zumindest nichts zu entscheiden. Auch das war von vornherein geklärt und musste nicht etwa individuell ausgehandelt werden. Meike brachte es auf den Punkt: „So ist es eben!"

Heute ist nichts mehr so, wie es eben ist. Nachdem die rebellische Generation der 68er alt genug war, die Gesellschaft zu gestalten, zog Freiheit in unsere Biografien ein: Frauen und Männer können heute das tun, was sie wollen. Traditionelle Rollenkonventionen sind aufgelöst. Jeder kann also jede Rolle einnehmen und ausfüllen, nichts ist mehr vorgeschrieben, alles ist möglich. Aber ob damit zwangsläufig gleich alles besser wurde?

Herausragend waren die Leistungen des Maschinenbauingenieurs – und mit seiner Fachkompetenz wurde er bald Teamleiter, hatte nunmehr auch Personalverantwortung. Diese Beförderung bedeutete zwar den Erfolg, auf den er lange hingearbeitet hatte, doch gleichzeitig entfernte er sich mit dem Karrieresprung von dem, was er eigentlich gelernt hatte und was ihm Freude bereitete – nämlich solide, ausgetüftelte, funktionierende, geniale Maschinen zu bauen.

Nach dem typisch männlichen Prinzip des Wettbewerbs hatte er es geschafft aufzusteigen. Als sich der Erfolg einstellte, stand er plötzlich vor der Aufgabe, verstärkt kommunizieren zu müssen, um sein Team zu führen. Nun war dieser in klaren, logischen, rationalen Strukturen denkende Mensch angehalten, sich in andere Menschen einzufühlen. Er musste herausfinden, wo die persönlichen Begabungen und Fähigkeiten der einzelnen Mitarbeiter lagen. Also musste er sich fortan nicht mehr in Aggregate, Stromkreise und die Statik von technischen

Systemen hineindenken, sondern in die viel komplexeren Persönlichkeiten und sozialen Interaktionen der Menschen in seinem Umfeld. Er musste sich überlegen, wie er Einfluss darauf nehmen konnte, dass sein Team gut zusammenarbeitete. Dabei war er ja einst Maschinenbauingenieur geworden, weil er die Technik so gut draufhatte – und nicht, weil er Sozialarbeiter werden wollte.

Jetzt saß der Mann verzweifelt vor mir und beschrieb seine größte Not: Zwei Mitarbeiter, die sich permanent wegen des geöffneten oder geschlossenen Bürofensters beharkten, riefen ihn nahezu täglich auf den Plan, um eine Lösung zu finden – beziehungsweise um ihn wechselseitig für ihre jeweiligen Schachzüge zu instrumentalisieren. Beim ersten Mal konnte der eine nicht arbeiten, weil es ihm im Nacken ziehe, beim nächsten Mal klagte der andere über Kopfschmerzen, weil die Luft so schlecht sei. Der Teamleiter hatte keine räumlichen Möglichkeiten, die beiden Streithähne auseinander zu setzen, so versuchte er immer wieder, konstruktiv Lösungen zu finden. Dabei griff er auf technische Strategien zurück, die er kannte und beherrschte. Er setzte Klimaanlagen ein, erstellte Lüftungszeitpläne – alles ohne Erfolg. Die Beschwerden hielten an. Der Ingenieur war damit völlig überfordert. Weder war er in der Lage, ein konstruktives Konfliktgespräch mit den beiden Kontrahenten zu führen, noch konnte er verstehen, was hinter dem Fensterproblem eventuell verborgen lag. Seine technischen Problemlösungsstrategien griffen einfach nicht. Er würde das Problem kommunikativ lösen müssen. Das aber konnte er nicht, hatte es nie gelernt – und ehrlich gesagt, es interessierte ihn auch gar nicht. Doch nun gehörte es zu seinem Job. Dass dieser Mann Stress hatte, war kein Zufall.

Und wie sieht die weibliche Seite der Medaille aus? Einen gehobenen Anspruch an die eigenen Leistungen – das kennen ausbrennende Frauen und Männer gleichermaßen, gleichgültig, in welcher Branche sie tätig sind.

Sabine Viermann war als studierte Maschinenbauingenieurin in einem Unternehmen tätig, das Anlagen für die Medikamentenproduktion herstellte. In ihrem Aufgabenbereich ging es um Projekte in Größenordnungen von Millionen von Euro. Tonnen von Stahl wurden benötigt, ein ganzes Team von Mitarbeitern musste betreut und überwacht werden. Als einzige Frau auf der Managementebene erfüllte Sabine Viermann ihre Rolle tough und mit hoher Präzision. Die ausschließlich männlichen Kollegen respektierten sie und erkannten ihre ausgeprägte Fähigkeit zum analytischen Denken und ihre überzeugende Durchsetzungskraft an. Die Männer in ihrer Umgebung hatte sie im Griff.

Ein Grund für ihren Erfolg war, dass sie in all den Jahren im Maschinenbau gelernt hatte, wie sie sich auf dem männlichen Terrain behaupten konnte. Ihr Posten war äußerst verantwortungsvoll. Bei einem Fehler drohte nicht nur wirtschaftlicher Schaden oder schlimmstenfalls der Verlust des Arbeitsplatzes, sondern darüber hinaus Fehldosierungen bei Medikamenten, die für die Gesundheit der Patienten gefährlich werden konnten. Ein Fehler in Sabine Viermanns Team konnte unabsehbaren Schaden nach sich ziehen. Sie musste also stets fehlerfrei arbeiten und darüber hinaus in besonderem Maße Kontrolle ausüben – bei ihren männlichen Kollegen. Dazu gehörte es, dass sie sie gegebenenfalls auch einmal in ihre Schranken verweisen musste. Und die Männer mussten in ihrer traditionellen Domäne auf einmal lernen: Hier gibt jetzt eine Frau die Befehle.

Männliche Terrains sind für Frauen zunächst einmal ausgesprochen attraktiv: Berufe, bei denen es um Entwickeln und Fortschreiten geht, erwirtschaften einen Mehrwert und führen damit unmittelbar zu einem höheren Einkommen. So wird die öffentliche und gesellschaftliche Macht gefestigt; und die persönliche Freiheit steigt.

Weibliche Terrains dagegen sind für Männer noch immer ausgesprochen unattraktiv: Behüten und Bewahren verbraucht erwirtschafteten Mehrwert und ist von daher mit einem geringen Einkommen verbunden. Öffentliche und gesellschaftliche Macht kann in diesen Bereichen nicht erlangt werden. Und das bedeutet weniger persönliche Freiheit. Selbst wenn Männer von ihrer Persönlichkeit her gern Krankenpfleger, Zahnarzthelfer oder Sekretär wären: Es lohnt sich einfach nicht. Und so finden wir sie in den typisch weiblichen Berufen auch kaum vor.

Frauen können Männerberufe erlernen und ausüben, in denen sie mehr wirtschaftlichen Erfolg haben und die gesellschaftlich anerkannter sind. Im Sinne der Emanzipationsbewegung haben sich die Frauen in den letzten beiden Jahrzehnten sukzessiv immer mehr männliches Terrain erkämpft, vom Frauenfußball über Bankmanager-Posten bis hin zur Bundeskanzlerin. Frauen tragen im Geschäftsleben ähnliche Kleidung wie Männer, sie benutzen den gleichen Sprachcode, sie zeigen ähnliche Verhaltensmuster. Allerdings zahlen sie dafür auch einen hohen Preis: Um sich auf männlichem Terrain behaupten zu können, müssen sie nach männlichen Spielregeln agieren. Und das heißt, dass sie die Denk- und Verhaltensweisen, die ursprünglich mit ihrer Rolle als Frau verbunden waren, in den Hintergrund stellen, um Denk- und Verhaltensmuster zu erlernen, die früher der Männerrolle zugeordnet waren.

Aber auch die zweite Hälfte der Gesellschaft hat einen Wandel erfahren: Männer erfahren oftmals nur noch dann weibliche Zustimmung und soziale Bestätigung, wenn sie zusätzlich zu ihrer Karriere und dem erfolgreichen Job auch in der Kindererziehung glänzen und weibliche Seiten zulassen und beherrschen. Sie dürfen vielfach eben kein „Macho" mehr sein.

Wenn junge Familienväter die Aufgabe übernehmen, mit ihren Neugeborenen zum Schwimmkurs zu gehen, können sie sich einmal in die weibliche Welt fallen lassen. Beim Männer-Baby-Schwimmen müssen sie nicht immer den starken Vater heraushängen lassen, sondern hier können sie auch einmal mütterliche Seiten zeigen. Der Weg vom Beschützen zum Behüten wird ihnen im warmen Wasser des Hallenbades leicht gemacht. Doch wie sieht der Alltag an Land aus?

Beschützen und Behüten sind dem Mann nicht in die Wiege gelegt. Junge Männer, die zeitweise das Kleinkind versorgen, während die Frau Geld verdienen geht, fragen sich offen oder insgeheim: „Kann ich das überhaupt?" Oder zumindest: „Kann ich das so gut wie meine Partnerin?" Die Unsicherheit darüber, der richtige Mann am richtigen Ort zu sein, wurde den Männern spätestens dann eingebrannt, als sie zusehen mussten, wie die Partnerin das Kind stillt. Ein Mann hat keine Brust; er ist von

Natur aus ganz offensichtlich nicht zum Stillen da. Wieso sollte er also zum Versorgen von Kleinkindern da sein?

Während die meisten Frauen besser aus Gesichtern lesen können und intuitiv verstehen, was gerade los ist, und sich entsprechend darauf einstellen können, müssen die meisten Männer dafür richtig hart arbeiten. Erfolgreich sind sie dagegen mit Werten wie Leistungsbereitschaft, Wettbewerbsfähigkeit, Risikobereitschaft, gesundem Egoismus, Selbstdarstellung, Wagemut. Sie kennen Sieg und Niederlage, den Kampf und die Konkurrenz.

Die weiblichen Werte sind eher Wir-bezogen, die männlichen eher Ich-bezogen. Deshalb gelingt es Männern bei einer Teamleistung eher, die eigene Leistung noch einmal explizit herauszustreichen. Frauen exponieren sich nicht so deutlich, halten sich stärker innerhalb des Teams auf. Wenn in einer Teamsitzung ein Mann und eine Frau ihre beiden Ergebnisteile der Produktvorstellung vor dem Kunden präsentieren, sagt der Mann beispielsweise: „Ich bin der Meinung, dass …" Die Frau hingegen meint: „Wir sind sehr froh, dass wir diesen Einfall hatten …" Dem Mann bereitet es die größere Freude, wenn sein Ego hervorsticht, die Frau hat ein größeres Wohlgefühl, wenn sie das Wir aussprechen kann. Anerkennung wollen beide Geschlechter bekommen. Der Mann legt aber mehr Wert auf die Anerkennung seiner persönlichen Leistungen, während die Frau mehr die soziale Wertschätzung ihrer gesamten Person sucht.

Die große Freiheit mag also mit der Gleichberechtigungs- und Emanzipationsbewegung eingezogen sein. Merkwürdigerweise umfasst diese Freiheit aber in den meisten modernen sozialen Gruppen nicht die Erlaubnis, offen über diese Gefühle zu sprechen. Würde ein Mann Zweifel daran äußern, ob er als Ersatzmutter am richtigen Platz wäre, würde er nicht nur Spott und Häme ernten, sondern vielleicht die ganze Palette weiblicher Aggression in Familie und Freundeskreis entfachen. Will dieser Steinzeitmann etwa wieder zurück in die Höhle? Er würde doppelt Gefahr laufen: erstens an den Anforderungen zu scheitern und zweitens von seinem vertrauten sozialen Umfeld ausgegrenzt zu werden.

Die Emanzipation der Frau ist Chance und Fluch zugleich: Die Frauen dürfen nicht nur Karriere machen – sondern es wird auch von ihnen erwartet, alle ihre Möglichkeiten zu nutzen und zu keiner Zeit ihre Ressourcen brachliegen zu lassen. High-Performance zu jeder Zeit.

High-Performance zu jeder Zeit auch bei den Männern. Nicht umsonst sind fast alle fernsehkochenden Rollenvorbilder im Nachmittagsprogramm coole Männer, von Tim Mälzer über Johann Lafer bis Jamie Oliver. Zusätzlich zu ihrer selbstverständlich erwarteten Karriere wollen und sollen Männer auch im Haushalt mitwirken, für die Kinder da sein und ihren aktiven Beitrag zum funktionierenden Familienleben und Freundeskreis leisten. Wie schön.

Die Frau mit ihren Behüterinstinkten kann nun die toughe Projektentwicklerin geben, der technisch versierte Mann soll als Teamleiter auch Stimmungen zwischen seinen Mitarbeitern vorausahnen. Alles geht, alles ist erlaubt, alles ist machbar. Eindeutige Rollen, die auch schon Vierjährige verstehen und nachspielen können, gibt es nicht mehr. Und die Sicherheit, die diese klaren

Rollenmuster mit sich brachten, ist verloren. Die Frage ist: Wie hoch ist der Preis, den wir für die Freiheit bezahlen?

„Wenn ich zaubern könnte, hätte ich einen Mann und zwei Kinder!“

Sabine Viermann, die erfolgreiche Maschinenbauingenieurin, meldete sich für mein Seminar an. Wegen eines Termins kam sie zu spät. Als sie die Tür öffnete, hatte die Gruppe schon mit der Arbeit begonnen. In dunkelblauem Hosenanzug und weißer Bluse trat sie mit energischen Schritten ein, grüßte kurz in die Runde, nahm sich einen Stuhl und setzte sich hin.

Nachdem ich sie vorgestellt hatte, schaute sie sich um, zog eine Augenbraue hoch, und das Lächeln in ihrem Gesicht erreichte weder ihre Augen noch ihre Stimme. Dann meinte sie kühl: „Hier sind ja nur Frauen! Wenn ich das gewusst hätte, wäre ich nicht gekommen …“

Diese Frau, die sich jeden Tag mit großer Verantwortung vor einem Trupp Männer behaupten musste, reagierte unter Frauen völlig verunsichert. Es war offensichtlich, dass sie sich nicht wohlfühlte. Ihre Körperhaltung wirkte angespannt und ablehnend. Wenn sie nicht direkt angesprochen wurde, verschränkte sie die Arme, und ihr Blick hatte dauerhaft etwas sehr Skeptisches. Sie wusste offensichtlich nicht, welche Spielregeln nun bei den Frauen galten. Sie verhielt sich ausgesprochen männlich, entschuldigte sich nicht für ihr Zuspätkommen, was Frauen normalerweise unwillkürlich machen.

Sabine Viermann hat es in ihrem Beruf deswegen so weit nach oben geschafft, weil sie die Spielregeln der Männer für ihr Verhalten erlernt und übernommen hat. So erfolgreich dieser Prozess auch war, so stolz die Eltern, so gefüllt das Konto, so beeindruckt die Kollegen, so voller Anerkennung der Chef auch war – so groß war dann aber auch die Leerstelle in ihrer Identität, die dieses Lebenskonstrukt hinterließ.

Doch nach und nach öffnete sie sich. Sie war ja nicht ohne Grund in mein Seminar gekommen: Sie war ausgebrannt, erschöpft und müde. Und außerdem war sie zutiefst verzweifelt. Irgendwann gestand sie: Wenn sie zaubern könnte, hätte sie einen Mann und zwei Kinder.

Sie wollte endlich wieder richtig Frau sein. Zu vieles fehlte in ihrem Leben. Ihre Belastung lag nicht auf der Sachebene, nicht auf der körperlichen oder geistigen Ebene. Es ging nicht um den Kompetenzbeweis und die Leistungserbringung. Da war Sabine Viermann großartig und souverän. Die Belastung lag auch nicht darin, dass sie den Männern Anweisungen erteilen musste. Auf der Sachebene war sie strukturiert und auf der Beziehungsebene geschickt, sie konnte ihr Team bestens führen.

Wie groß die Belastung war, erkannte sie daran, dass sie nicht länger mit der Verantwortung umgehen konnte, dass ein kleiner Fehler ihres Teams Menschenleben gefährden konnte. Genau an dieser Stelle trat die verborgene und verdrängte weibliche Seite der Fürsorge und des Behütens zum Vorschein. Denn dieser Antrieb war unvereinbar mit den Anforderungen der Chefrolle. Weil ihr fürsorglicher Persönlichkeitsanteil im Verborgenen allergrößte Ängste ausstand, Menschen versehentlich ein Leid zuzufügen, konnte sie irgendwann den Rollenanspruch des effizient agierenden Managers nicht mehr damit in Einklang bringen. Die Diskrepanz zwischen dem äußeren Rollenanspruch und der Rolle, die sie im Inneren spürte, führte zu einem wahnsinnigen Druck. Diesem Druck standzuhalten hatte alle ihre Reserven verbraucht.

Gleichberechtigung bedeutet keineswegs, dass es beiden Geschlechtern gleich ergeht, während sich die Rollengrenzen auflösen. Die Förderung der Frauen hin zu mehr Selbstbewusstsein, Durchsetzungsfähigkeit und Wettbewerb wird in der Ausbildung und in der Schule sehr viel stärker gefördert als die Teamfähigkeit, die Intuition und das Behüten bei Männern.

Auf dem Buchmarkt gibt es zahlreiche Ratgeber, die Tipps geben, wie frau sich durchsetzen kann im Job. Sie empfehlen bestimmte Gestiken, Formulierungen, Körperhaltungen. Sie beleuchten das Thema der Arbeitskleidung ebenso wie das des Umgangs mit Kollegen in der Kantine. Die Autoren raten den Frauen konkret: „Setzen Sie sich soundso hin, betreten Sie soundso den Raum, markieren Sie soundso Ihr Revier!"

Ich weiß jedoch von keinem Ratgeber, der dem Krankenpfleger Tipps gibt, wie er sich in dem ehemals weiblichen Berufsfeld besser zurechtfindet. Die Frauen lernen also, die Spiele der Männer zu spielen, die Spiele der Macht. Deren Regeln sind natürlich auch von Männern gemacht. Und so kopieren die Frauen das Verhalten des anderen Geschlechtes bis hin zum Kleidungscode und wenden die gleichen Strategien an. Mit typisch weiblichen Strategien, mit Fürsorge und Rücksicht, hätten sie nämlich keinen Erfolg. In diesen Berufen mit Strahlkraft orientieren sich die Regeln also an männlichen Gesetzmäßigkeiten: Die Gefühle sind ausgeblendet, Rationalität und hierarchische Ordnungen spielen die entscheidenden Rollen. Und umgekehrt? Der Mann im Frauenberuf, in der Familie?

Die weiblichen Eigenschaften von Behüten und Beschützen haben in der Gesellschaft einen deutlich niedrigeren Stellenwert als männliche Werte wie Durchsetzungskraft und Dominanz. Das zeigt sich auch an den Gehältern beider Geschlechter. Die Gesellschaft bewertet die weiblichen Werte niedriger – verlangt aber von den Männern, dass sie ebenjene gut erfüllen. Da sind Probleme vorprogrammiert: Wenn der Mann weibliche Aufgaben übernimmt, muss er sich auf fremdes Terrain vorwagen, eigene Rollenmuster unterdrücken und sich neue aneignen – und dann winkt nicht einmal gesellschaftliche Anerkennung, weil die Wertschätzung dieser weichen Qualitäten geringer ausfällt als die des wirtschaftlichen Erfolges.

Die Forderungen nach Gleichberechtigung und Emanzipation beziehen die Männer ganz offensichtlich nicht auf sich. Stück für Stück erobern die Frauen die Männerdomänen, während sie gleichzeitig an ihren hohen Ansprüchen im Privaten festhalten. So haben sie auch im Haushalt trotz beruflicher Karriere das Sagen. Sie bestimmen weiterhin die Inneneinrichtung, sie organisieren weiterhin den Freundeskreis, sie treffen weiterhin die wesentlichen Entscheidungen in der Kindererziehung. Auch hier sind Probleme vorprogrammiert: Wie soll eine Frau das alles schaffen?

Die vermeintliche Gleichberechtigung zieht Rollenverbiegungen und Rollenkonfusionen nach sich: Das, was ich eigentlich bin, darf ich nicht sein, denn das würde den alten Klischees entsprechen, die wir überwinden wollen – stattdessen muss ich die vertrauten Fähigkeiten, Rollen und Werte zurückdrängen und neue erlernen, um weiterzukommen und anerkannt zu werden. Es gibt keine Selbstverständlichkeiten mehr, nur noch Gesprächsbedarf. Alles muss ständig ausgehandelt werden. Mit mir selbst und mit den anderen. Immer drängender wird die zermürbende Frage: Wer bin ich eigentlich noch?

„Wir schaukeln das schon"

Das Paar hatte sich aus ganzem Herzen auf ihre kleine Tochter gefreut. Sie informierten sich umfassend und wussten, dass es besonders am Anfang nicht leicht werden würde. Sie hatten Geschichten und Erfahrungsberichte anderer Eltern und Experten gehört und gelesen, wussten von schlaflosen Nächten, die auf sie zukommen würden, von fehlender Paarzeit, von strapazierten Nerven.

Sie hatten genau besprochen, wie sie die Arbeit aufteilen würden. Der Mann legte großen Wert darauf, trotz seiner Berufstätigkeit aktiv am Familiengeschehen teilzuhaben. Er wollte sich ebenso ums Kind kümmern wie seine Frau – wenn auch wegen seiner Position als Hauptverdiener nicht im gleichen Umfang.

Nun war die Kleine sechs Monate alt und der erste Zahn kündigte sich an. Beiden Elternteilen war klar, dass diese Zeit nervenaufreibend werden würde. Doch als der junge Vater nun zum gefühlt hundertsten Mal mit dem weinenden Baby auf dem Arm durchs Wohnzimmer tigerte und die Uhr mittlerweile 3:30 Uhr anzeigte, wurde ihm klar, dass alle theoretische Vorbereitung nichts nutzt, wenn die Realität dann eintritt. So schlimm und kräftezehrend hätte er sich das nicht vorgestellt! Seit einer Stunde versuchte er, die Kleine immer wieder hinzulegen, doch sobald ihr Köpfchen das Kissen berührte, begann sie wieder zu weinen. Seine Frau hatte beim Abendbrot so müde und geschafft ausgesehen, dass er sie jetzt nicht wecken wollte.

Nach und nach kam zu seiner Müdigkeit eine gehörige Portion Genervtheit hinzu. Seine Gedanken schweiften ab zu der wichtigen Sitzung, die ihm an diesem Tag im Unternehmen bevorstand. Er ertappte sich bei dem Gedanken, dass seine Frau doch auch tagsüber immer mal wieder eine Ruhepause einlegen könnte und nicht wie er den ganzen Tag voll leistungsfähig im Büro sein musste. Er hasste sich dafür, weil er es eigentlich besser wusste – und das Paar diese Aspekte der Familiengründung auch ausgiebig besprochen hatte. Dennoch geriet mit jeder Runde durchs Wohnzimmer sein guter Vorsatz mehr ins Wanken, sich nicht auszuklinken und seinen vollen Einsatz bei Frau und Kind zu bringen. Nach weiteren zehn Minuten gab er auf und kehrte ins Schlafzimmer zurück, um die Mutter der Kleinen um Unterstützung zu bitten. Doch kaum lag das Kind an deren Brust, wurde es ruhig und schlief nach wenigen Minuten ein. Der Mann hingegen lag frustriert wach, obwohl er todmüde war.

Dieser Mann macht eigentlich alles richtig – oder besser gesagt: Er versucht, alles zu machen, was von ihm als modernem Mann und Vater erwartet wird. Er macht angemessen Karriere, kleidet sich geschmackvoll und bemüht sich um regelmäßige Sporteinheiten, um fit zu bleiben. Dazu soll er sich rührend um das Kind kümmern und sofort wissen, warum die Tochter weint. Im Idealfall tauscht er sich mit anderen Eltern über die Entwicklung der Kinder aus und ist darüber hinaus natürlich auch ein fürsorglicher Partner und leidenschaftlicher Liebhaber, jedenfalls immer dann, wenn seine Frau gerade Lust hat, was seit der Geburt eher selten geworden ist.

In Zeitschriften und Büchern werden den Vätern wunderbare Ratschläge gegeben – die Kapitel heißen „Wickeln wie ein Weltmeister", „24 Stunden Aufmerksamkeit", „Schlaflieder singen" oder: „Babymassage". Den Männern wird erklärt, wie sie das Kind zu halten haben. All das kann er lernen; im Bereich der Handhabbarkeit, Wartung und Pflege des Babys entstehen also keine Probleme. Aber wenn er die Tätigkeiten ausfüllt, die Fürsorge und Behutsamkeit erfordern – wer ist er dann als Mann? Als jemand, für den die Spiele mit der Macht, messbarer Erfolg und Wagemut so wichtig sind?

Von den Männern verlangen die neuen gesellschaftlichen Klischees, was sie gar nicht ausfüllen können, weil sie es nicht, wie die Frauen, schon mit der Muttermilch aufgesogen haben. Und wenn sie dann bemerken, dass sie den innigen Kontakt zum Baby beim besten Willen nicht so hergestellt bekommen wie die Mutter, reagieren sie mit Enttäuschung – und ziehen sich zurück.

Ein Mann, der erkennt, dass er zu Hause keinen Erfolg hat, für den ist der Weg zurück ins Büro mitunter der einzige Weg zur Anerkennung. Er möchte sich ja zu Hause einbringen, aber es fehlen ihm die Mittel. Er braucht wie jeder Mensch Anerkennung und Zugehörigkeit, um Sinn zu erfahren. Ansonsten gerät er in emotionalen Stress.

Das Traurige an der Situation der jungen Väter ist aus meiner Sicht, dass keiner danach fragt, was das alles mit ihnen macht. Zu Hause kein Gewinner sein zu können – das ist frustrierend für jemanden, der gelernt hat, sich im Wettbewerb zu behaupten.

Die Gleichberechtigung der Frau bietet den Männern keine Lösung an. Sie spüren den Druck von außen: Wenn sie versuchen, ein klares Männerbild zu finden, erfahren sie harte Kritik. Es werden Macho-Vorwürfe laut, ihnen werden Unsensibilität und Härte vorgeworfen. Das Zuhause wird für den Mann so zu einem unsicheren Feld, dem er sich nach und nach entzieht. Und das war nicht Teil der Abmachung. Die nun wieder doppelt belasteten, frustrierten Frauen ziehen sich daraufhin ihrerseits zurück und reduzieren Fürsorge für den Partner und Aufmerksamkeit. Das Gespräch zwischen den Geschlechtern versandet.

Den Männern wird oft Kommunikationsunfähigkeit oder -unwille unterstellt. Viele Frauen klagen, die Männer seien zu häufig zu schweigsam. Doch in den Männergruppen mache ich eine ganz gegensätzliche Erfahrung: von Schweigsamkeit keine Spur. Hier besteht ein immenses Redebedürfnis. Ist erst einmal die Tür geöffnet, haben die Männer in meinen Seminaren so viel geredet, dass ich fast immer Überstunden machen musste. Es kam mir fast so vor, als seien sie ausgetrocknet und würden hier endlich Wasser bekommen.

Und wenn einer von ihnen mutig beginnt, Emotionen zu zeigen, brechen auch bei den anderen schnell die

Dämme. Ein bisschen schwingt dabei dann immer noch die Sorge mit, es könne ab jetzt in dieser Männerrunde so zugehen wie beim „Bewegten Mann“. Doch die entlastende Erfahrung setzt sich durch: „Hier müssen wir einmal nicht die harten Kerls sein. Ich bin nicht persönlich ein Versager, den anderen geht es auch so.“ Und zu dem Leiden im Job drängen sich nun nach und nach auch noch die Probleme in Partnerschaft und Familie.

Die große Überforderung

Wohlgemerkt: Es geht hier nicht darum, Frauen die Arbeit – auch in männlichen Berufen – streitig zu machen oder ihnen die Karriere zu versagen. Ebenso wenig sollen Männer denken, dass sie sich lieber doch nicht in das Familienleben einbringen sollten.

Ich erinnere mich an eine Frau, die sich dazu entschied, keine weitere Karrierestufe anzustreben. Ihr wurde klar, dass der nächste Karrieresprung alles, was ihr wichtig ist im Leben, negativ beeinflussen würde. Sie war sehr intelligent, arbeitete in einer verantwortungsvollen Führungsposition in einer interessanten Firma und hatte ein ganz spannendes Tätigkeitsfeld. Sie war kreativ, aber auch in ihrem analytischen Denken gefordert. Das fortschrittliche Unternehmen, ein Hersteller für Spezial-Textilien, gab den Mitarbeitern viel Spielraum und konnte damit aus einem hochkreativen Pool schöpfen. Die Mitarbeiter konnten jederzeit eigene Ideen einbringen und sich dann neue Teams zusammenstellen, die diese Ideen weiterentwickelten. Das Unternehmen war Marktführer in seinem

Bereich und auch als Arbeitgeber sehr beliebt. Die Bezahlung war gut, die Arbeit machte Spaß – all das verführte zu immer mehr Leistung.

Als ihr nun die Möglichkeit geboten wurde, einen weiteren Beförderungsschritt zu gehen, war das erst einmal sehr verlockend. Aber sie wusste: „Wenn ich das mache, muss ich deutlich intensiver für die Firma zur Verfügung stehen." Neben Überstunden würden Dienstreisen und Wochenendeinsätze auf sie zukommen. Dann müsste sie bei allem anderen kürzer treten.

Im Blick auf ihre Werte, also das, was ihr Leben sinnvoll machte, erkannte sie, dass für sie die Gemeinschaft mit der Familie wichtiger war als das größere Ansehen und der erweiterte Spielraum im Job. Ihr wurde klar, woher ihre emotionale Erschöpfung rührte. Die Versuchung bestand darin, sich im Außen noch weiter von ihrem inneren Geschlechtermodell zu entfernen, den Spagat noch größer zu machen, im Klartext: noch weniger Frau zu sein. Sie sagte ihrem Chef ab und bekam anschließend auch ihre Erschöpfung in den Griff.

Mir ist klar geworden, dass sich mit den neuen Freiheiten und mit der Auflösung der klassischen Rollenbilder die Komplexität auf allen Ebenen vervielfacht hat. Die Emanzipationsbewegung hat zwangsläufig neben allen positiven Errungenschaften zu einer großen Verunsicherung beider Geschlechter und zu einer umfassenden Rollenkonfusion geführt. Die Verwischung und Verquickung der Geschlechterrollen bringt Männer wie Frauen in wahre Dilemma-Konstellationen. Zusammengefasst sieht das folgendermaßen aus:

Wenn der Mann den althergebrachten Weg wählt und sich darauf konzentriert, im Job erfolgreich zu sein, das Geld nach Hause zu bringen, der „Versorger" zu sein, jedoch die Kindererziehung und den Haushalt der Frau überlässt, dann erfährt er von ihr und seinem Umfeld zunehmend keine Anerkennung mehr für den Job, sondern muss sich vorwerfen lassen, dass er ein Macho und von gestern sei. Er ist dazu verdammt, die gesellschaftliche Anerkennung – und vor allem die seiner Frau – durch sein Engagement in der Familie zu erhalten. Da aber auch die modernste Familie nicht von Luft und Liebe allein leben kann, führt er selbstverständlich seinen Beruf zusätzlich aus und sorgt für die wirtschaftliche Sicherheit.

Entweder er versucht sich als Tausendsassa im „Sowohl-als-Auch" und probiert nach Kräften, Job und Familie auf Kosten des Schlafbedürfnisses bestmöglich zu vereinbaren. Dann erlebt er vielleicht etwas Anerkennung, bezahlt aber den hohen Preis der völligen Verausgabung. Die andere Möglichkeit: Er konzentriert sich auf seine traditionelle Männerrolle und erfährt im Gegenzug weibliche Missgunst. Er hat die Wahl. Was für eine Wahl …

Welch großartiges Angebot machen wir den Männern da!

Doch auch für die Frauen ist die gesellschaftlich erkämpfte und gewonnene Freiheit nur eine vordergründige. Für Frauen ist es attraktiver, in männliche Bereiche hineinzugehen, weil diese anerkannter sind und besser bewertet werden. Wenn eine Frau Karriere macht, kann sie das aber nicht mit ihren weiblichen Zügen schaffen, sondern muss sich im Männerterrain nach männlichen Spielregeln behaupten.

Allerdings endet ihre Rolle damit ebenfalls nicht. Denn sie wird zu Hause deshalb ja nicht überflüssig, denn weder kann der Partner den Haushalt und die Kindererziehung so übernehmen, dass Frau und Kind zufrieden sein werden, noch bleibt der Frau der Ausweg, ihre hohen Ansprüche einfach aufzugeben. Frauen sind gut darin, soziale Systeme zu erfassen und zu beeinflussen, insbesondere die Familie. Und sie können nicht einfach die Augen und Ohren zumachen, nur weil sie jetzt auch Verdienerinnen sind. Aber wie soll das nur alles gleichzeitig unter einen Hut zu bringen sein? Im Job männlich, zu Hause weiblich, und alles Vollzeit? Welch grenzenlose Überforderung muten wir den Frauen da zu?

Die klaren Geschlechterrollen lösen sich also auf. Und wie aus den einfachen Grundfarben Blau, Gelb und Rot durch Mischung das Farbspektrum entsteht, so ist jede und jeder nun aufgefordert, seine ganz persönliche Mischung zu gestalten und seine eigene Farbe in die Welt zu bringen. Nichts ist mehr vorgegeben. Alles muss selbst erarbeitet werden: Welche Werte will ich leben? Welche Rollen will ich spielen? Welche Aufgaben will ich übernehmen? Welche Bedeutung soll mein Leben haben? Und was will ich alles nicht? Das Fatale: Wenn Werte gefordert sind, die ich nicht ausfüllen kann, verlöscht mein inneres Feuer mangels Ressourcen. Noch häufiger wird aber, wenn ich Werte in mir spüre, die nicht gelebt werden können, mein inneres Feuer erstickt.

Bei allem Nachdenken über tradierte Geschlechterrollen und Gleichberechtigung möchte ich ausdrücklich betonen, dass ich nicht glaube, Frauen und Männer seien im Prinzip gleich. Sie haben von Geburt an unterschiedliche Vorlieben und Fähigkeiten, die sie erfolgreich weiter ausbauen, zu Werten entwickeln und als Teil ihrer Identität wahrnehmen. Studien belegen, dass selbst Säuglingsmädchen schon lieber Bilder mit Gesichtern betrachten, wohingegen Jungen lieber auf Mobiles schauen. Solcherart Belege gibt es zuhauf.

Meiner Meinung nach starten Männer und Frauen also von einer unterschiedlichen Ausgangslage. Und das setzt sich fort: Die Mädchen spielen lieber Spiele, in denen es um das soziale Miteinander und um Rollenperspektiven geht. Die Jungen finden sich eher in kämpferischen Konkurrenz-, Gewinner- und Verliererspielen. Selbst in meiner eigenen Familie mit drei Töchtern und einem Sohn, also in einem sehr weiblich geprägten Haushalt, musste ich dem Jungen – kaum, dass er reden konnte – immer Fragen beantworten, wer gerade schneller, größer und besser ist. Ich war fassungslos: Dieser kleine Kerl kannte noch nicht einmal das Geschlechterspiel und fragte trotzdem dauernd diese Wettbewerbsfragen.

Die Unterschiede der Geschlechter spielen schon im Kindergarten eine Rolle. In geschlechtsspezifischen Spielen entwickeln die Kinder ihre Fähigkeiten weiter. Später bauen die Frauen in der Schwangerschaft und der Familiengründungsphase ihre spezifischen Merkmale weiter aus. Während die Männer im Beruf mit Konkurrenz und Erfolg die wettbewerbsorientierten Seiten an sich stärken, fördern Frauen eher Anlagen wie Fürsorge, Rücksichtnahme, Verzicht, Geborgenheit, Authentizität, Gerechtigkeit, Kontinuität.

Die Emanzipationsbewegung hat die tradierten Rollenmodelle in unseren Köpfen abgeschafft, aber sie hat die Geschlechter mit ihren unterschiedlichen Vorlieben und Anlagen nicht grundlegend verändert.

Kein Mensch will die Verhältnisse der vergangenen Jahrhunderte zurückhaben, auch ich nicht. Niemand will die Frau unter der Knute des Mannes sehen, ich selbst am wenigsten. Trotzdem muss ich den Stand der Dinge nüchtern betrachten und feststellen: Uns geht es nicht nur gut mit der Auflösung der Geschlechterrollen. Das Gleichsein-Sollen stresst, denn wir *sind* nicht gleich, wir werden im Moment weder den Frauen noch den Männern gerecht. Gerecht, ja, das ist das Wort: Mehr Geschlechtergerechtigkeit statt noch mehr Geschlechtergleichheit, das würde uns guttun.

Die angeborenen Anlagen, die erworbenen Werte und die wahrgenommene Identität eines Menschen sind untrennbar miteinander verknüpft. Mit der Auflösung der Geschlechterrollen wurden die angeborenen Anlagen ignoriert, die Werte umgewertet und die Klarheit der Identität der Menschen verwischt. So hat die Gleichberechtigung im Hinblick auf die Auflösung der Geschlechterrollen im Außen Freiheit geschaffen und im Inneren der Menschen für emotionalen Stress in unglaublichem Ausmaß gesorgt. Ein kollektives Burnout ist die Folge.

Kapitel 8

Warum Hausfrauen so gestresst sind

Noch ein Wort zu den Frauen. Irgendwie müssen sie doch davon profitieren, dass sie sich in den vergangenen Jahrzehnten aus der Rolle der Unterlegenen, der dem Manne Untergeordneten herausgewunden, herausprotestiert und herausgeklagt haben. Wie war es vor einigen Jahrzehnten und was genau hat sich geändert?

Besonders aufschlussreich finde ich da einen Werbespot aus der Wirtschaftswunderzeit, der uns einen Blick zurück werfen lässt. Geben Sie einmal bei *Youtube* „Frauengold“ ein und staunen Sie.

Eine adrette Frau saugt das Wohnzimmer, offensichtlich in Erwartung ihres bald heimkehrenden Gatten. Dann eilt sie plötzlich in die Küche, weil auf dem Herd etwas überzukochen droht. Und schon ist sie wieder am Bücherregal und staubt dieses beflissen ab. Doch dann hält sie inne, legt erschöpft die Hand an die Stirn, wobei ihr Blick auf ein Foto aus früheren Jahren fällt. Oh je. Damals war sie noch jung, hübsch, frisch und lebensfroh. Und heute? Da rät eine einschmeichelnde, mütterliche Stimme aus dem Off: „Nimm Frauengold!“

Mithilfe dieses Zaubermittels würde sie ihren Mann fortan wieder fröhlich begrüßen können, ihm die Hausschuhe überstreifen und ihn mit Zärtlichkeiten überschütten, wenn er von der harten Arbeit nach Hause kommt. Und wenn er abgespannt, nervös und ungerecht ist, würde die Frauengold-gestärkte Hausfrau schon wissen, wie sie sich auf die Couch zu legen und ihn mit einem Schäferstündchen wieder zum Mann zu machen hat. Alles wieder im Lot.

Ja, Hausfrauen waren auch in den Fünfzigerjahren schon gestresst und unzufrieden. Aber damals gab es noch „Frauengold", und das versprach den Frauen, die jugendliche Frische und Lebensfreude mit ein paar Schlucken wieder zurückzuerhalten.

Klingt wie eine Droge, oder? War es auch. Heute müsste auf der Flasche per Verbraucherschutzbestimmungen draufstehen, was drin ist: Schnaps nämlich.

„Frauengold" wurde zwar als Medizin für die gestresste Hausfrau vermarktet – in Wahrheit war es aber einfach eine Einstiegskampagne in die Alkoholabhängigkeit. „‚Frauengold' schafft Wohlbehagen – wohlgemerkt an allen Tagen." Alkohol gegen innere Leere, und das regelmäßig: Sicherer kann der Einstieg in die Sucht gar nicht klappen.

Zeitfernrohr

Wenn ich dieses Filmchen sehe, bin ich verblüfft, dass diese heute so bizarr und fremd anmutende Welt vor nur ungefähr 50 Jahren unsere eigene war. Die damaligen Rollenbilder von Mann und Frau wirken aus heutiger Sicht so unglaublich antiquiert. Wir scheinen heute so unendlich viel weiter zu sein. Beide Geschlechter, sowohl die Frauen als auch die Männer, scheinen sich seit damals enorm weiterentwickelt zu haben. Und doch: Damals waren die Männer gestresst und erschöpft von der Arbeit, und die Frauen waren gestresst und erschöpft vom Hausfrauendasein. Sind die Männer und die Frauen heute in ihren veränderten beziehungsweise unklarer gewordenen Rollen weniger gestresst und erschöpft?

Schauen wir genauer hin: Das Frauenbild der 50er- und 60er-Jahre war geprägt von der gesellschaftlichen Aufforderung an die Frau, ihre ganze Kraft in den Haushalt und die Fürsorge für den Mann und die Kinder zu stecken. Die Frauen hatten in den politisch unsicheren und wirtschaftlich desaströsen Nachkriegszeiten sehr wohl bewiesen, dass sie „ihren Mann stehen“ konnten. Doch nachdem die Trümmer aufgeräumt waren, wurde von der Hausfrau der 60er-Jahre keine Aufbauarbeit mehr erwartet, es sei denn, diese diente dem Familienaufbau. Die gesellschaftliche Erwartung ließ zwar zu, dass die Frauen Berufe erlernten, Sekretärin beispielsweise, aber es war selbstverständlich, dass sie nach Eheschließung und der Geburt der Kinder nur noch für die Familie da sein sollten. Mitunter investierten Eltern gar kein Geld in die Ausbildung ihrer Töchter, weil diese ja sowieso bald heiraten würden und die Ausgaben somit keinen Sinn machten.

Es scheint heute unvorstellbar: Erst in den 1970er-Jahren bekamen Ehefrauen das Recht, ohne die Zustimmung ihres Mannes berufstätig zu sein – vorher musste eine Frau die Erlaubnis ihres Mannes haben, während der Ehe arbeiten zu dürfen. Dass der Haushalt in Ordnung blieb, die Kinder sauber angezogen waren und die Frau abends und am Wochenende auch noch fit genug war, um sexuell verfügbar zu sein, dafür wussten die Männer vor der Emanzipationsbewegung sogar gesetzlich zu sorgen. Dementsprechend waren die Männer stolz darauf, wenn sie sagen konnten: „Meine Frau muss nicht arbeiten und kann zu Hause bleiben." Ob das nun dem Willen der Frau entsprach oder nicht, war nicht das Thema. Klar war damals: Wenn sie nicht aus finanziellen Gründen arbeiten muss, dann will jede Frau von Natur aus zu Hause bleiben und sich um Heim und Herd kümmern.

Den Frauen wurde immer zu sehr großer Sorgfalt geraten, wenn es um das Wohl ihrer Familie ging. 1952 schrieb eine Ratgeberautorin: „Hausarbeit ist Kopfarbeit; alle Arbeit soll vorher durchdacht und mit Überlegung ausgeführt werden." Im damals noch immer aktuellen Schulkochbuch von Dr. Oetker aus dem Jahr 1911 fand sich der Hinweis: „Wenn die Hausfrau die Gerichte nicht richtig zusammenstellt, ist die Gesundheit der Familie ernstlich gefährdet." Sie solle vor allem auf genügend Fett achten: „Der Mann, welcher mit zu magerer Kost ernährt wird, greift fast stets zum Branntwein, um sich zu erwärmen, besonders dann, wenn er außerdem noch einen unordentlichen, ungemütlichen Haushalt vorfindet."

Eine anspruchsvolle und wichtige Aufgabe also. Zwar anstrengend und teilweise womöglich erniedrigend. Aber richtig und wichtig. Der Mann verdiente das Geld und seine Gattin hatte den Haushalt im Griff – beide taten, was sie sollten, und kamen sich nicht in die Quere. Dass Männer wie Frauen dabei nur einen kleinen Teil ihrer Fähigkeiten einsetzen konnten, dass die Frau in der gesellschaftlichen Werteskala deutlich unter dem Mann rangierte und nicht die gleichen Rechte hatte wie die Männer, das ist alles richtig, aber es war auch allen klar, was zu tun ist, um Anerkennung zu bekommen. Die Männer mussten ausreichend Geld heranschaffen, um der Familie Statussymbole kaufen zu können. Und die Frau musste dafür sorgen, dass es ihrem Mann gutgeht. Lob und Anerkennung gab es für gutes Essen, freundliche Atmosphäre im aufgeräumten und sauberen Heim, brave, folgsame, gesunde, saubere und adrett angezogene Kinder und einen allzeit zufriedenen Mann. Dazu gehörte auch, dass die Frau hübsch und vorzeigbar aussah. Die klassische Hausfrau (ob mit oder ohne Kinder) hatte den Job, es dem Mann gutgehen zu lassen. Das heißt: Sie hatte einen Job!

Aber es war ein hartes Los, auf diesen kleinen Ausschnitt der Persönlichkeit reduziert zu werden. Meine Mutter, die wirklich nie viel Alkohol trank, hatte während einer Phase ihres Lebens immer eine Flasche Rotwein in der Küche stehen. „Frauengold" wäre zu teuer gewesen. Wir Kinder waren klein, mein Vater kam oft spät und gestresst von der Arbeit, das Geld war knapp – da wurde ihr alles manchmal zu viel, und sie schaffte nur mithilfe eines Glases Rotwein, sich wieder zu fangen. Offensichtlich hatten viele Frauen ihre Strategien, wie sie die Rolle der perfekten Hausfrau ausfüllen konnten.

Die Verzweiflung der Frauen sollte dann mit einer hilfreichen Dose Fondor von „Maggi" für das ultimative Geschmackserlebnis gelindert werden. Oder eben mit einem Glas „Frauengold". All das erscheint heute bizarr. Wie bizarr hätte die heutige Lebenswirklichkeit der

Frauen wohl für die Menschen der 1950er-Jahre ausgesehen, wenn sie einen Blick durch ein Zeitfernrohr in die Zukunft hätten werfen dürfen?

Wenn das Kind zum Projekt wird

Eine Studie der Techniker-Krankenkasse kommt 2009 zu dem Ergebnis, dass ein großer Teil der Burnout-Erkrankten aus der Gruppe der Hausfrauen stammt, besonders junge Mütter laufen der Studie zufolge Gefahr auszubrennen. Viele Frauen versuchen heute freiwillig, ihre Aufgaben als Familienmanagerinnen zu erfüllen. Sie sind gut ausgebildet und entscheiden sich ganz bewusst, eine Zeit lang aus dem Berufsleben auszusteigen und sich der Familie zu widmen.

Das Bild von Müttern und Hausfrauen in der Öffentlichkeit wird aber durch Ansichten dominiert wie: „Wer Kinder hat und zu Hause bleiben darf, hat es gut. Da können sie entspannt sein und haben ein leichteres Leben. So einen Haushalt macht man doch mit links."

„Das bisschen Haushalt macht sich von allein, sagt mein Mann", sang Johanna von Koczian 1977 und nahm damit das schon damals überholte Frauenbild der 1950er-Jahre ironisch aufs Korn: „Die Frau Gemahlin ruht sich aus zu Haus, sagt mein Mann. Dass ich auf Knien meinem Schöpfer danken kann, wie gut ich's habe, sagt mein Mann." Aber ich frage mich: Hat sich in den Köpfen der Menschen seitdem irgendetwas grundlegend verändert? Auch heute noch geht der größte Teil der Gesellschaft davon aus, dass Hausfrauen und Mütter sich ihre Zeit frei einteilen können, dass keine Leistungsvorgaben von außen an sie herangetragen werden und sie somit doch ihren Alltag selbstbestimmt und entspannt organisieren könnten. Zu Hause bleiben? Wie angenehm!

Keinen Chef, keine Vorgaben, kein Druck. Hausfrauen haben sich außerdem überwiegend freiwillig in ihre Lebenssituation begeben – das müsste doch der Himmel auf Erden sein … Warum aber tauchen Hausfrauen trotzdem in meinen Burnout-Seminaren auf – und stellen in der Studie der Techniker-Krankenkasse sogar die größte Stressgruppe? Da kann doch etwas nicht stimmen! Müssten nicht eigentlich die Börsenmakler oder Bankmanager mehr Stress haben als Hausfrauen?

In den 1950er-Jahren der Griff zur „Frauengold“-Flasche, heute das Burnout-Seminar. Irgendwie haben wir in den vergangenen 50 Jahren auf dem Feld der Hausarbeit keine sonderlich großen Fortschritte gemacht. Ich frage mich also: Was ist es denn genau, was die Hausfrauen so unglücklich macht?

Ein Beispiel: Ariane Mettmann war nach langem Warten endlich schwanger geworden. Die 33-jährige Lektorin hatte sich sehr auf das Kind gefreut. Nun war die kleine Tochter da, und es fiel der ehrgeizigen Frau überraschenderweise gar nicht schwer, sich von den Kollegen zu verabschieden und den Arbeitsalltag hinter sich zu lassen. Nun stürzte sie sich mit Elan in ihre neue Aufgabe als Mutter.

Keine Fachliteratur blieb ungelesen. Sie wusste alles über die perfekte Ernährung für Kinder, hatte feste Vorstellungen von einer kindgerechten Gesundheitsvorsorge, suchte schon während der Schwangerschaft nach Gruppen, wo die Fähigkeiten der Kinder bereits im Säuglingsalter bestmöglich gefördert wurden. Babybrei gab es niemals gekauft aus dem Supermarkt, sie kochte alles selbst. Dazu wurden nur die besten Zutaten verwendet, auch wenn sie dazu zwei Stadtteile weiter fahren musste, um den ihrer Recherche nach besten Biobauernmarktstand aufzusuchen.

Ariane Mettmanns Tag war angefüllt. Sie gab 130 Prozent ihrer Kraft für ihr Kind und ihre Familie. Doch abends saß sie nach einem 16-Stunden-Tag ohne Ruhephasen und mit einer weiteren unruhigen Nacht vor Augen frustriert am Esstisch und lauschte den Erzählungen ihres Mannes, der von seinem Büroalltag berichtete. Sie war so neidisch! All die Impulse, die ihr Mann genießen konnte und die ihr versagt blieben. Frustriert registrierte sie, dass ihre ganze Arbeit, ihr ganzer Einsatz nichts Mess- und Vorzeigbares zustande brachte. Der Korb mit der Schmutzwäsche war schon wieder gefüllt, in der Küche stapelte sich schon wieder das schmutzige Geschirr, das gebadete Kindchen hatte schon wieder die Windeln voll.

Lob und Anerkennung, wie es ihr Mann für ein gelungenes Projekt von seinem Chef bekommen hatte, konnte sie nicht erwarten. In ihrem Alltag war es schon toll, wenn die Nachbarin mal in den Kinderwagen hineinschaute und säuselte: „Was für ein hübsches Baby!“

Aber das passierte zum einen viel zu selten und zum anderen wog es nicht all die Arbeit auf. Kein Mensch konnte sehen, dass das Kind nur Selbstgekochtes bekam. Keiner bemerkte, wie sorgfältig sie die Kinderkleidung aussuchte. Keiner wusste, wie sorgfältig sie sich vorbereitet und weitergebildet hatte, um als Mutter nicht zu versagen. Sie war chronisch unzufrieden, denn sie schaffte es nicht, irgendjemanden zufrieden zu machen und diese Zufriedenheit gespiegelt zu bekommen. Ihr fehlte der Werkstolz, der berechtigte Stolz auf das Ergebnis einer guten Leistung. Sie schuftete den ganzen Tag, ohne abends sehen zu können, was sie geschafft hatte.

Der Werkstolz ist in der Kindererziehung naturgemäß sehr langfristig angelegt und liegt auch dann nicht komplett in den Händen der Eltern – schließlich haben sie letztendlich nur einen eingeschränkten Einfluss darauf, was für ein Menschenkind da zu ihnen kommt und welche Einflüsse im Laufe des Lebens auf ihr Kind einwirken. Wenn Eltern nur die Aufgabe haben, ihrem Kind einen guten Start ins Leben zu ermöglichen und dann loslassen müssen – anhand von welchen Ergebnissen soll dann jemals unter dem Leistungsaspekt Bilanz gezogen werden können: „Ich habe meine Sache als Mutter gut gemacht. Wir waren gute Eltern …"

Wenn die Frauen sich so wenig anerkannt fühlen und so sehr unter fehlender Wertschätzung leiden, dann liegt das auch daran, dass sie selbst keine Wertschätzung für ihr Hausfrauendasein aufbringen. Sie sind Kinder unserer Zeit und in dem Bewusstsein aufgewachsen, dass Frauen, die nur zu Hause sind, weniger wert seien. Folglich muss die dringend benötigte, ja, existenziell wichtige Wertschätzung auf einer anderen Ebene geholt werden.

Also fördern die Mütter ihre Kinder bis zum Gehtnichtmehr. Die Mütter versuchen, zu ihrem Werkstolz zu kommen, indem das Kind besonders hübsch, gut im Judo oder im Ballett, musikalisch, super in der Schule ist – es muss irgendwie besonders sein, sonst bin fühlt sich die Mutter minderwertig.

Die junge Mutter verfolgt also das gleiche Muster wie im Job: Alles muss perfekt sein, alles auf höchstem Niveau. Die Leistung zählt. Sie will immer das Beste geben. So war es vor 50 Jahren, so ist es heute. Der Zwang oder der Trieb zur Perfektion im Haushalt ist der Versuch, irgendeine Form von Wertschätzung für sich und für die eigene Situation zu erzeugen. Das Fatale dabei ist: Nur ein Ergebnis, das messbar ist, wird von der Umwelt gesehen und gewürdigt – der Aufwand jedoch nicht. Das saubere und zufrieden glucksende Kind wird von der Nachbarin bewundert. Wie die Küche und die Waschküche nach der Schlacht am Vormittag aussehen, das sieht die gute Frau ja nicht. Wenn ich eine junge Mutter mit ihrem Kinderwagen sehe, denke ich oft: *Wie viel Kraft hat das wohl heute gekostet, dass sie sich selbst und das Baby vorzeigbar auf der Straße präsentieren kann!*

In unserer Gesellschaft kommt es doch massenweise vor, dass Mütter und Hausfrauen ihr Bestes geben, wirklich ihr Bestes, und doch niemals Zufriedenheit ernten können. Sie müssen einfach 110 Prozent geben, sonst befinden sie sich in einem Wertekonflikt mit dem eigenen Anspruch. Eine solche überzogene Anspruchshaltung an sich selbst ist jedoch nicht gesund und nicht angemessen. Und sie macht die frustrierten Frauen unangenehm zickig.

Vor einiger Zeit kam ein Paar zu mir in die Beratung, bei dem sich der Mann bitter darüber beklagte, nie etwas richtig machen zu können. Wenn er einmal mit dem Kind loszog – was die Mutter dringend wünschte und ausdrücklich befürwortete –, erhielt er vorher einen Katalog mit Handlungsanweisungen, der schon vor dem geplanten Ausflug wie Blei auf seinen Schultern lastete.

Dazu kam dann noch eine Ausrüstungstasche für das Kind, die mittlerweile Ausmaße wie für einen Wochenendausflug hatte. Die Frau kontrollierte vor Verlassen der Wohnung detailliert, ob die Tasche auch alles enthielt. Ständig hatte sie Angst, dass ihr Mann etwas vergaß. Sie wollte ja auf der einen Seite, dass der Mann mit dem Kind das Haus verließ, damit sie endlich auch mal ihre Ruhe hatte, aber sie ließ ihm keine Chance, dabei etwas richtig zu machen: „Hast du an die Isolierkanne mit dem heißen Wasser gedacht, falls du unterwegs ein Gläschen im Wasserbad erwärmen musst? Nimm lieber einen zweiten Löffel mit, falls dir einer runterfällt. Hast du auch die Feuchttücher eingepackt?“

Der Mann wurde schier verrückt! Was sollte schon Schlimmes passieren, wenn er mit dem Kind unterwegs war? Glaubte die Frau etwa, das Kind würde verhungern oder erfrieren? Die beiden würden schon zurechtkommen. Er hielt es nicht mehr aus. An dem irrwitzigen Anspruch seiner Frau an die Elternrolle konnte er nur scheitern.

Wenn wir diese Schieflage berücksichtigen, erscheint das Ergebnis der Burnout-Studie der Krankenkasse einleuchtend. Und naheliegend wäre demnach auch die Lösung: „Macht euch doch mal locker! Keiner kann auf Dauer 110 Prozent geben. Ihr seid doch an eurem Stress selbst schuld. Lasst doch mal fünfe gerade sein! Kauft doch mal ein Breigläschen im Supermarkt! Legt doch mal die Beine hoch! Ihr müsst doch nicht jede Fördermaßnahme für das Kind mitnehmen! Ihr könnt euer Problem doch selbst lösen: Kommt doch mal runter von eurem Trip!“

Ja, so einfach klingt das. Aber es ist erschreckend oberflächlich. Schauen wir doch den Tatsachen ins Auge:

Wenn eine Frau es nicht einmal schafft, nach einem 16-Stunden-Tag ohne Pause zu Hause mit dem Kind zufrieden und stolz auf ihr Tageswerk ins Bett zu fallen, wie soll dann die Zufriedenheit mit weniger Einsatz größer sein? Das ist doch unlogisch!

Alle, die auch heute noch den Burnout-gefährdeten oder -betroffenen Hausfrauen den „Lass-mal-fünfe-gerade-sein-Frauengold-Schluck" verabreichen wollen, sei hier einmal deutlich gesagt: Burnout kommt nicht von der vielen Schufterei, sondern von der emotionalen Leere und der Unzufriedenheit, denn Hausarbeit bekommt in unserer Gesellschaft keine Anerkennung.

So wie Burnout bei Berufstätigen nicht vom Job kommt, so kommt Burnout bei Hausfrauen nicht von der Hausarbeit. Nicht vor 50 Jahren und nicht heute. Das müssen wir alle doch jetzt endlich mal verstehen!

Allein auf weiter Flur

Meine Freundin Betül wuchs in einem kleinen Dorf an der Schwarzmeerküste auf. Mit neun Jahren kam sie nach Deutschland. Sie kann sich noch lebhaft an die sozialen Strukturen in ihrem Heimatort erinnern. Betül erlebte in ihrer Heimat eine klare Trennung der Lebenswelten von Männern und Frauen. Die Männer saßen in den Kaffeehäusern, die Frauen führten in den Häusern das Regiment. So wie den Frauen der Zutritt in die Männerwelt verwehrt war, so blieben die Männern zu Hause außen vor: Selbst ein Mann, der ganz vernarrt war in sein neugeborenes Baby, erhielt keinen Zugang zu dieser

Frauenwelt. Er konnte vielleicht auch mal nach der Arbeit mit dem Kind schmusen, doch der ganze übrige Ablauf lag fest in Frauenhand.

Betül erzählte mir, wie sie diese Zeit damals empfunden hat und welches Selbstbewusstsein der Frauen daraus resultierte: Die jungen Frauen wurden mit Heirat und Geburt ihrer Kinder Teil der Gemeinschaft der „erfahrenen Frauen". Hier bekamen sie Anleitung und fanden ihre feste Zugehörigkeit. Sie erhielten von den erfahrenen Frauen Antworten auf Fragen und Unterstützung im Alltag. Ritualisierte Verfahren nach der Geburt wie die Wochenbettbetreuung seitens der Nachbarinnen sorgten für Sicherheit und klare Handlungsebenen. Auch die kinderlosen Tanten gehörten zu der Gruppe der erfahrenen Frauen. Sie übernahmen Aufgaben in der Kinderbetreuung oder sorgten für eine reibungslose Haushaltsorganisation. Jeder hatte in diesem Gefüge seinen festen Platz und wusste, was von ihm verlangt wurde und was er zu leisten hatte.

Als ich Betül kurz nach der Geburt unserer ersten Kinder kennenlernte, schilderte sie mir bildhaft, wie es in ihrem Heimatdorf zuging. Sie kramte sogar alte Fotos hervor, um mir die unüberschaubar große Anzahl ihrer Familienmitglieder vorzustellen. So lernte ich durch ihre Erzählungen einige Generationen dieser Dorfgemeinschaft kennen. Selten waren zwar sowohl Männer als auch Frauen gleichzeitig auf den Bildern zu sehen, aber niemand schien den jeweils anderen Part zu vermissen. Alle Protagonisten schienen einfach an dem Platz zu sein, an den sie gehörten.

Ich kannte so etwas ja gar nicht: Als Betül die Gesellschaft in ihrer Heimat beschrieb, da wurde mir meine eigene Situation allein zu Hause mit einem Säugling umso stärker bewusst. Ich empfand sofort Sehnsucht nach einer Gemeinschaft, zu der ich ganz selbstverständlich dazugehörte und in der ich etwas galt. Im Vergleich zu den Frauen in Betüls Familie kam ich mir unendlich einsam vor.

Wir leben in unserer Kultur verglichen mit anderen Kulturen sehr getrennt voneinander in unseren Wohnungen und Häusern. Und wenn die Mutter mit ihrem Baby nicht gerade in einer jungen Familiensiedlung lebt, kann sie sich sehr schnell völlig isoliert fühlen.

Betül, die als Neunjährige nach Deutschland kam, brachte nach ihrer Berufsausbildung ihre Kinder hier zur Welt. Und plötzlich bemerkte sie, dass nichts so ist, wie sie es aus ihrem Dorf kannte: Sie war als junge Mutter in Deutschland alleingelassen. Sie war allein mit allem. Und darauf war sie nicht vorbereitet. Betül litt sehr unter dieser Isolation.

Obwohl ich im Gegensatz zu ihr hier in Deutschland aufgewachsen war, war ich auf meine Vereinzelung als junge Mutter keinen Deut besser vorbereitet. Wir litten also beide daran – und da lernten wir uns kennen. Wir schlossen eine innige Freundschaft; nach und nach strahlten ihre lebhaften und farbenfrohen Erzählungen aus ihrer Heimat auf unser Leben aus.

Betül hatte eine Alternative zu ihrem aktuellen Einzelkämpferstatus mit Haus und Kind im Kopf. Folglich errichteten wir sozusagen ein eigenes türkisches Mini-Dorf in unserer Küche. Mit unseren Kindern und einigen Tageskindern konnten wir eine Gemeinschaft konstruieren, die es jeder von uns ermöglichte, auch einmal wegzugehen, Dinge zu erledigen, sich auch mal um sich selbst zu kümmern und vieles mehr. Das Bestreben, diese Oase für uns einzurichten, ging zwar stark von Betül aus, doch ich stellte zunehmend fest, wie sehr mich dieser Ansatz bereicherte.

Obwohl ich doch Pädagogin war und aus beruflichen Gründen viel Erfahrung mit Kindern und das nötige Handwerkszeug dazu hatte – ich kam trotzdem nur ganz schwer mit meiner veränderten Lebenssituation zurecht. Aber erst durch Betüls Erzählungen konnte ich verstehen, warum es mir schlecht ging. Die junge Türkin, die mit Mitte 20 ihre erste Tochter im kalten Deutschland zur Welt gebracht hatte, führte mir meinen inneren Konflikt vor Augen: In unserer Gesellschaft müssen sich Frauen heute selbst um Zugehörigkeiten und Sinnhaftigkeit kümmern, sie müssen sich selbst neu verorten. Es gibt für sie keine fertige Gemeinschaft, der sie automatisch angehören, allein durch ihr Sein. In unserer Gesellschaft müssen Frauen etwas tun, um sich irgendwo zugehörig zu fühlen. Sie müssen sich selbst neu erfinden.

Da bekommen Krabbelgruppen und Förderkurse einen Sinn, der über die Förderung der Kindertalente weit hinausgeht: Hier werden neue Gemeinschaften gebildet. Neue Werteentwicklungen finden statt. Die Frauen denken darüber nach, was ihre Kinder lernen sollen, was sie ihnen mitgeben wollen. Wie wollen sie den Nachwuchs ernähren? Wie gehen sie mit Krankheiten um? Um die Frage, ob ein Kind geimpft werden sollte oder nicht, entbrennen wahre Glaubenskriege. All das hat nur vordergründig etwas mit der Sorge um die Kinder zu tun. In Wahrheit geht es darum, dass die Frauen sich irgendwo positionieren müssen.

Warum also entfaltete unser kleines „Dorf“ in der Küche so viel Kraft für Betül und mich? Uns war es wie allen jungen Müttern hierzulande ergangen: Wir waren plötzlich zu Hause und allein. Isoliert. Wir hatten den Kollegenkreis verloren – also unsere Zugehörigkeit.

Zur Gruppe der anderen Eltern gehörten wir aber auch noch nicht richtig. Und zur Gruppe der Hausfrauen mit ihren Ritualen und Strukturen ebenso wenig.

Junge Mütter müssen sich neue Bezugssysteme aufbauen und Gemeinschaften aktiv erarbeiten. Da kann die in Kapitel 4 erwähnte Tupperparty als Ritterschlag und Aufnahmeritus in die Zunft der Hausfrauen und Mütter hilfreich sein. Auch der Umzug in eine familienfreundliche Siedlung, in der sich alle in ähnlichen Situationen befinden, erleichtert die Suche nach einer Gruppenzugehörigkeit. Doch unabhängig von den äußeren Faktoren: Diese Suche ist sehr mühsam, anstrengend und mitunter frustrierend. Das, was die Menschen brauchen, nämlich Anerkennung und Sinnstiftung, das geht den Frauen mit dem Eintritt ins Mutterdasein überwiegend verloren.

Die zahllosen Krabbelgruppen, Babyschwimmen, Kindergärten, Tupperpartys, wo sich die Mütter treffen können, sind offenbar nur ein Tropfen auf dem heißen Stein. Sie können das Defizit nicht ausgleichen. Viele Mütter versuchen deshalb, so schnell wie möglich wieder in ihr Arbeitsfeld zurückzukehren. 60 Prozent der Frauen bemühen sich darum, Job und Familie so schnell wie möglich unter einen Hut zu bringen. Nur 20 Prozent versuchen sich ausschließlich auf die Familie zu konzentrieren.

Doch der Versuch, durch die Rückkehr zur Arbeit wieder Zugehörigkeit und Anerkennung zu erhalten, endet oft in einem Desaster: Die Frauen sitzen nun zwischen allen Stühlen. Sie gehören zum einen nicht mehr ganz der Gruppe der Mütter an, denn sie sagen viel zu oft „normale“ Mütterverabredungen ab, weil sie ihre Arbeit nicht schaffen. Zum anderen sind sie auch im Job nur halb angekommen, denn nach Feierabend müssen sie ganz pünktlich los, um das Kind abzuholen. Das schlechte Gewissen, ihr Kind in die Betreuung gegeben zu haben, bekommen sie ohnehin gratis dazu, aber außerdem entfällt auch noch der After-Work-Plausch mit den Kollegen, das gemeinsame Feierabendgetränk sowieso, und zum Geburtstag der Kollegen werden sie schon gar nicht mehr eingeladen.

Da sie nicht Vollzeit arbeiten, haben sie es sowieso schwerer, ihren Platz im Kollegenkreis zu finden, und die Weihnachtsfeier schwänzen sie dann auch noch, weil sie lieber mit der Familie Plätzchen backen wollen. Ihnen wird nach und nach klar: Ihre Gesamtsituation ist ein fauler Kompromiss.

Das Streben nach der erhofften Anerkennung und Zugehörigkeit allein kann nicht der Grund sein, warum Frauen nach dem Kinderkriegen wieder so verzweifelt in den Job zurückdrängen. Denn die Rechnung geht ja nicht auf. Der eigentliche Grund, warum die Frauen den unbefriedigenden Teilzeitjob draufsatteln und ihre Belastung damit noch zusätzlich erhöhen, muss tiefer liegen.

„Wann arbeitest du eigentlich wieder?“

Ich hatte mir mein Baby so heiß und innig gewünscht. Hatte mich ganz bewusst für eine Auszeit aus meinem Beruf entschieden, weil ich die ersten Jahre mit dem Kind intensiv erleben wollte. Und ich hatte mir alles so schön ausgemalt: Wie wir es uns zu Hause schön machen, wie ich mich um das Würmchen kümmere und dabei noch Zeit habe, den Haushalt liebevoll in Schuss zu halten. Ich hatte sogar so absurde Gedanken wie den, dass ich dann endlich einmal die Zeit finden würde, Fotos zu sortieren und in Alben zu kleben, wenn das Kleine schläft.

Und dann war unser Kind auf der Welt – und ich bekam gar nichts mehr hin. Mitunter schaffte ich es nicht einmal, mich morgens zu waschen, weil mein Baby ständig nach meiner Aufmerksamkeit verlangte. Hatte ich es gestillt und ins Bettchen gelegt, wollte ich nur endlich schnell die Wäsche aufhängen, weil sich vor der Maschine schon ein neuer Turm Schmutzwäsche stapelte – doch bevor ich fertig war, maunzte meine Süße schon wieder und hatte irgendein anderes Bedürfnis, das dann wichtiger war als die Wäsche. Als ich auf die Uhr schaute und sah, dass es mittlerweile fast Mittag war, ich aber noch immer den Bademantel trug und nicht gefrühstückt hatte, rief ich heulend meinen Mann an und klagte, dass ich eine totale Versagerin sei.

Vor der Geburt meines Kindes war ich sehr selbstständig und gut organisiert gewesen. Das klappte jetzt nicht mehr. Mein Leben war nicht mehr selbstbestimmt. Mein Mann beruhigte mich dann am Telefon und versprach, abends im Haushalt zu helfen. Gemeinsam würden wir das schon schaffen. Doch als dann im Anschluss das Telefon erneut klingelte und eine gute Bekannte wissen wollte, wie es mir so ginge, saß ich wieder wie ein Häuflein Elend auf der Couch, die Hand an der Wiege, damit das Kind nicht aufwachte. Als dann der Smalltalk mit der Frage endete, wann ich denn endlich wieder arbeiten wolle – ich könne doch meine Fähigkeiten nicht so brachliegen lassen –, legte ich am Boden zerstört auf. Ich war nur noch traurig.

„Wann arbeitest du eigentlich wieder?" Diese Frage bringt uns zum Kern des Problems, denn sie entlarvt unsere Gesellschaft und ihre Vorstellungen. Hausfrau zu sein wird als ein Defizit-Zustand betrachtet. Ein suboptimaler Zustand, der einen deutlichen Rechtfertigungsdruck erzeugt. Die Rollenverteilung „Mann auf der Arbeit, Frau zu Hause" gilt nicht mehr als legitim. Wenn der Mann der „Alleinversorger" der Familie ist, muss er sich mitunter als „altmodischer Macho" beschimpfen lassen, der Frau wird suggeriert, sie habe wohl nicht das Zeug dazu, wieder berufstätig zu sein.

Wenn eine Frau früher ein Kind bekam und sich dann ausschließlich dem Nachwuchs widmete, hatte sie zwar eine mitunter frustrierende Aufgabe und war dem Mann nicht gleichgestellt. Richtig. Aber sie konnte mit gesellschaftlicher Anerkennung rechnen. Durch das Kind wurde in der Partnerschaft ein Ausgleich geschaffen: Der Mann als Geldverdiener und die Frau als Mutter befanden sich zumindest innerhalb der Familie wieder auf Augenhöhe. Doch heute ist das, was früher eine klar umrissene und geschätzte Rolle war, der Anerkennung gezollt wurde, ein Makel, ein Defizit, ein vorübergehendes Übel.

Eine der ernüchternden „Nebenwirkungen“ der Gleichberechtigung der Frau lautet: Hausfrauen und Mütter im Haushalt werden gesellschaftlich diskriminiert. Frauen, die nicht außerhalb des Heims arbeiten, also keinen irgendwie gearteten „Job“ haben, sind weniger wert.

Wenn eine Frau sich heute frei dazu entscheidet, zu Hause zu bleiben, muss sie sich auf beträchtlichen Gegenwind einstellen. Sie trifft in ihrer Umgebung auf Fragen, Widerstände und Verwunderung: „Du mit deinen Talenten willst zu Hause versauern?“ Sie steht unter Rechtfertigungsdruck und darf ein permanentes schlechtes Gewissen pflegen: „Ich tue etwas Unrechtes. Ich muss doch schnellstmöglich raus hier und etwas aus meinem Leben machen!“

Auch wenn die Erziehung eines Kindes eigentlich ein gesellschaftlich bedeutender Auftrag sein müsste: Die Frauen selbst gestehen sich keinen hohen Selbstwert zu, sondern hinterfragen sich: „Wie bewerte ich mich als Mutter? Was ist eine gute Mutter? Und woran erkenne ich, ob ich eine gute Mutter bin?“

Die Emanzipationsbewegung hat die Hausfrauenrolle herabgesetzt. Damit hat sie gleichzeitig Frauen in bestimmten Lebenssituationen herabgesetzt und abgewertet. Wer wundert sich angesichts dessen darüber, dass immer mehr Frauen heute ihrem natürlichen Kinderwunsch erst gar nicht mehr nachgeben und sich ausschließlich für die Karriere entscheiden? Und auch wenn die Förderungsmaßnahmen der Bundesregierung von Berufsmodellen zusätzlich zum Familienleben lobenswert sind – sie erhöhen doch den Rechtfertigungsdruck auf diejenigen, die sich voll und ganz der Familie widmen.

Deren einziger Ausweg, um zu Anerkennung und Selbstwertgefühl zu kommen, liegt dann oft in der Flucht in die parallele Berufstätigkeit. Wofür die Frauen sich auch entscheiden, immer ist es irgendwie falsch, immer sind sie selbst irgendwie falsch: Kinder oder Karriere – Kinder und Karriere. Hier die emotionale, dort die physische Erschöpfung. Wie können wir aus diesem Teufelskreis ausbrechen? Unsere Gesellschaft ist offensichtlich noch nicht so weit, Frauen und Männern dafür eine Lösung anzubieten.

Kapitel 9

100 Jahre Stress: Eine kleine Geschichte der Geschlechterrollendemontage

Hedwig fühlte sich seit geraumer Zeit abgeschlagen und erschöpft. Die 45-jährige Frau eines Unternehmers schaffte es kaum, sich um den Haushalt zu kümmern. Sie zog sich mehr und mehr zurück, verdunkelte die Räume und wollte nur noch ihre Ruhe haben. Ihr Mann hatte mit dem Neubau des großen Werkes alle Hände voll zu tun, sein Geschäft boomte, 400 Arbeitnehmer standen auf seiner Lohnliste. Er war sehr beschäftigt, doch auch er bemerkte die ausgeprägte Antriebslosigkeit seiner Frau. Als sie endlich zum Arzt ging, war er zunächst erleichtert, aber der Mediziner konnte keinerlei körperliche Ursachen feststellen. Er verwies Hedwig an einen Kollegen. Dieser verfuhr ebenso und letztlich saß die erschöpfte Frau in der vierten Arztpraxis und beschrieb zum wiederholten Mal ihren Zustand: die große Erschöpfung, die andauernde Schlaflosigkeit trotz der großen Müdigkeit, dazu eine ausgeprägte Nervosität, starke Migräneschübe mit Kopfschmerzen und Lichtempfindlichkeit. Sie erklärte, häufig unter Atemnot zu leiden und sich rundum nicht mehr belastbar zu fühlen. Das Gefühl von großer körperlicher und geistiger Schwäche führte dazu, dass sie sich mehr und mehr zurückzog. Sie empfand sich selbst als hypersensibel und überempfindlich.

Selbst ihre beste Freundin klagte: „Du hast dich verändert!“, und bemängelte, dass Hedwig schon zum dritten Mal ein Treffen unter Freundinnen versäumt hatte. Ob denn irgendetwas vorgefallen sei, dass ihr Ausbleiben erklären könne?

Hedwig seufzte tief. Nein, sie könne keinerlei Gründe nennen. Es ginge ihr einfach nicht gut. Sie sei so empfindlich und fühle eine große körperliche Schwäche. Schwindelattacken und Panikgefühle sorgten für einen sozialen und emotionalen Rückzug aus allen gesellschaftlichen Bereichen. Die Leidende hatte das Gefühl, einfach nicht mehr zu können, nicht mehr leistungsfähig zu sein.

Maschinentakt und Nervenschwäche

Eine klassische Burnout-Diagnose also. So ähnlich wie Hedwig beschreiben Tausende die neue Volkskrankheit Nummer 1 unserer Tage. Allerdings – von wegen „unserer Tage“: Die Geschichte von Hedwig von Grünewald ist 100 Jahre alt!

Zu Beginn des 20. Jahrhunderts kam eine neue Krankheit auf, deren Symptome identisch waren mit dem, wie heute Burnout-Patienten beschrieben werden. Vor allem Frauen waren von ihr betroffen. Damals vermuteten die Wissenschaftler eine neurologische Ursache, die Diagnose wurde deshalb „Neurasthenie“ genannt. „Asthenie“ kommt aus dem Griechischen und bedeutet schlicht

„Schwäche". Der Name der Krankheit war also „Nervenschwäche". Der eigentliche Auslöser war aber unbekannt.

Der Begriff „Neurasthenie" wurde bereits 1880 durch den Amerikaner Beard in Zusammenhang mit Angsterkrankungen beschrieben. Die Definition lautete: „Bei der Neurasthenie handelt es sich um eine durch Überarbeitung oder andere äußere Einflüsse bedingte Schwäche oder Erschöpfung der Funktion des an sich gesunden Nervensystems. Sie ist weder auf körperliche (wie einer Schilddrüsenunterfunktion) oder psychische Erkrankungen (wie Depression oder Angststörungen) noch auf definierbare andere Ursachen zurückzuführen."

Nach damaligem Wissensstand wurden derlei Erkrankungen mit viel Ruhe behandelt. Folglich verschrieben Ärzte den Patienten eine Kur in einem Sanatorium.

Das vermehrte Auftreten von Neurasthenie-Fällen bei eher empfindsamen und feinsinnigeren Menschen wurde neurologischen Veränderungen zugeschrieben. Damals führte man das Leiden auf den industriellen Wandel und die Tatsache zurück, dass gerade die feinsinnigen Menschen mit der immer höheren Geschwindigkeit des Lebens nicht mehr zurechtkamen.

Erstaunlich: Auch unter Berücksichtigung des historischen Umfelds sind die vielen Parallelen zwischen der Neurasthenie vor hundert Jahren und dem heutigen Burnout mehr als auffällig. Was genau passierte damals? Die Industrialisierung brachte neue Geschwindigkeitsvorgaben in die Arbeitswelt, es strömten mehr Informationen auf die Menschen ein und zunehmend schneller, die Schichtarbeit löste die „natürlichen" Arbeitszeiten ab. Die Belastung für den Einzelnen nahm zu: Der Mensch musste sich an ein neues Zeitalter gewöhnen.

Das klingt vertraut.

So wie heute die Digitalisierung der Lebenswelt, so war es zu Beginn des 20. Jahrhunderts die Industrialisierung, die die Geschwindigkeit des Alltags rapide erhöhte. Der Maschinentakt gab den Rhythmus vor, die Arbeit an den Fließbändern erhöhte den Druck auf die Schaffenden. Eisenbahnen und Autos ersetzten nach und nach die Kutschen, Telegraf und Telefon ließen Informationen schneller fließen. Ich erinnere mich an einen lustigen Text aus einem Roman, in dem ein Autor aus damaliger Zeit seine Erlebnisse mit der neuen Eisenbahn erzählte, aus der er die Welt mit 25 Stundenkilometern außen „vorbeirasen" sah. Das mutet heute komisch an, zeigt aber deutlich, dass das neue Tempo für die Menschen eine große Belastung war. Die Maschinengeschwindigkeit entsprach nicht ihrem gewohnten Rhythmus.

Heute wächst mit dem Übergang ins Informationszeitalter die Geschwindigkeit beim Austausch von Informationen stark an. Internet und E-Mail überbrücken jede Distanz in einem Wimpernschlag, sämtliche Informationen und Inhalte stehen rund um die Uhr in Echtzeit weltweit zur Verfügung. Und damit wächst auch die Erwartung an den Einzelnen, dass auch er 24 Stunden zur Verfügung steht.

Doch heute wie damals gilt: Die Beschleunigung und Verdichtung der Arbeit sowie die zunehmende Fremdbestimmung als Erklärungsmodell für Burnout beziehungsweise Neurasthenie heranzuziehen – bei denen es sich möglicherweise schlicht um ein und dieselbe Krankheit handelt –, wäre zu kurz gegriffen. Ein Blick auf die Patienten und die Therapiemethoden widerlegt diese Spur – und führt uns zum wahren Grund: Zur Jahrhundertwende waren es gar nicht die einfachen Arbeiter am Band, die über Neurasthenie-Symptome klagten, obwohl sie ja direkt von den Auswirkungen der Industrialisierung betroffen waren. Nein, es erkrankten mehrheitlich die Frauen aus der bürgerlichen Gesellschaft, die gar nicht unmittelbar von den Veränderungen in der Arbeitswelt betroffen waren. Doch wie kann das sein: Der Wandel in der Arbeitswelt macht besonders diejenigen krank, die gar nicht arbeiten? Das ist ähnlich kurzsichtig argumentiert wie die Behauptung, Burnout käme vom Job, wo doch Arbeitslose und Hausfrauen genauso davon betroffen sind wie Manager.

Der Arzt von Hedwig von Grünewald verschrieb seiner Patientin angesichts der diagnostizierten Nervenschwäche einen mehrwöchigen Aufenthalt in einem Sanatorium. Sind es heute die Wellness-Tempel, die die ausbrennenden Menschen mit offenen Armen aufzufangen versprechen, waren es damals die Sanatorien in den Bäderorten. Es galt nahezu als schick, mit einem „Nervenleiden“ in ein mondänes Sanatorium zu reisen. Orte wie Bad Driburg oder Bad Sulza schlafen heute vor sich hin, doch die riesigen Parkanlagen zeugen auch jetzt noch von der damaligen Blütezeit. Die Kranken legten viel Wert auf Garderobe und gepflegten Umgang. Sie besuchten abends schöne Konzerte und andere kulturelle Ereignisse. Die Krankheit hatte eine große gesellschaftliche Akzeptanz. So wie heute prominente Burnout-Opfer wie Fußballtrainer, Fernsehmoderatoren oder TV-Köche die Schlagzeilen bevölkern, waren damals viele Künstler und Politiker Patienten der angesehensten Nervenärzte. Und die Zahl der Neurasthenie-Diagnosen wuchs damals genauso sprunghaft an wie heute die Zahl der Burnout-Fälle. Sigmund Freud schrieb Ende des 19. Jahrhunderts an seinen Freund Wilhelm Fließ: „Ich sehe jetzt soviel Neurasthenien, daß ich die Arbeit ganz wohl im Verlauf von zwei bis drei Jahren auf [Patienten dieses Typs] beschränken kann."

Hedwig von Grünewald litt also an einer Art Modekrankheit. Und die ließ sie die Koffer packen für ihre Zeit in Baden-Baden. Sie sah der Entspannung im Sanatorium fast wie einer Art Sommerfrische entgegen. Es warteten Bäder und Bäderkuren auf die Nervenkranken, viel Ruhe und viel Essen. Die Behandlung verfolgte ein Ziel: Der nervöse Zustand des Patienten sollte wieder verstärkt zur Ruhe gebracht werden. Die Ärzte empfahlen Liegekuren mit viel Nahrungsaufnahme: „Ruh dich aus, mach ein wenig Wellness, lass mal die Seele baumeln, nimm eine Auszeit, lass es dir mal gutgehen" – so weit war man also schon vor hundert Jahren!

Natürlich half diese Therapie genauso wenig wie heute. Festzuhalten aber ist: Nicht die Frauen und Männer am Band wurden krank, sondern die Frauen, die Muße hatten, die aus der bürgerlichen Gesellschaft kamen. Die Krankheit konnte also nicht auf die berufliche Mehrbelastung und die neuen Arbeitsanforderungen zurückzuführen sein. Wenn die Technisierung als Ursache für die Nervenschwäche demzufolge ausfällt, drängt sich die Frage auf: Was hat sich zeitgleich mit der Industrialisierung verändert? Welche gesellschaftliche Veränderung könnte der Auslöser für die Neurastheniewelle gewesen sein? Und gibt es dabei womöglich ebenso Parallelen zur heutigen Situation?

Weg vom Herd, raus in die Natur

Meine Großmutter wäre in diesem Jahr 111 Jahre alt geworden. Geboren 1900, fand sie in jungen Jahren zum „Wandervogel" – zunächst im „Wehrbund Deutscher Jugend" und schließlich im „Wandervogel Mädchenbund". Sie war eine begeisterte Aktivistin dieser Bewegung, die für so viel mehr stand als für den Aufenthalt in freier Natur.

Die Wandervogel-Bewegung wurde 1896 in Steglitz durch Schüler und Studenten bürgerlicher Herkunft ins Leben gerufen, die sich in einer Phase fortschreitender Industrialisierung und angeregt durch Ideale der Romantik von den engen Vorgaben des gesellschaftlichen Umfelds lösten, um in freier Natur eine eigene Lebensart zu entwickeln. Der Anstoß zu einer auf Dauer angelegten Organisation der Wanderaktivitäten ging von Karl Fischer aus, der 1901 für die Gründung des „Wandervogels" als Verein sorgte. Mit dem Anwachsen der Bewegung, die sich binnen weniger Jahre über den ganzen deutschsprachigen Raum ausbreitete, kam es oft zu abweichenden Leitvorstellungen, die zu vielfältigen Abspaltungen und Neugründungen führten. Umstritten waren beispielsweise – die Mädchen.

Die jungen Wandervogel-Mädchen sahen bald in den immer stärker männlich dominierten Bünden keinen Platz mehr für sich: Sie sehnten sich nach Selbstständigkeit und eigenen Formen des weiblichen Wandervogel-Daseins. Eine Zeitzeugin von damals schrieb:

„Aber diese Art, einen Jungenbund zu gründen mit Mädchen darin, gibt zu denken und läßt nicht gerade einen Fortschritt erkennen. Sie gibt vielleicht einen Maßstab für das Niveau des Bundes in die Hand und zeigt, daß die Reife, die solch einem Bund Deutscher Jungen und Mädchen endlich einmal eine zähere Grundlage geben könnte, noch fehlt. Wir stehen wohl für die Notwendigkeit des getrennten Lebens. Aber solch ein Bund, wie wir ihn uns denken, erfordert eine bedingungslose Achtung der Geschlechter, um, wo es notwendig ist, eine fruchtbare Zusammenarbeit zu ermöglichen. An eben diese Haltung dort können wir nicht glauben“ (Die Wandervogel-Mädchen 1, 1926, S. 3).

Meine Großmutter hatte zwei Berufe erlernt; sie hatte als Buchhändlerin und als Krankenschwester gearbeitet, doch nach ihrer Eheschließung übte sie keine der beiden Tätigkeiten mehr aus. Sie war nur noch für Haushalt und Kinder zuständig. Ihr Potenzial lag weitgehend brach. Doch der Wandervogel-Bewegung ist sie immer treu geblieben. Die Aktivitäten in dieser Gemeinschaft schützten sie davor, sich zu erschöpfen, weil sie sich hier Felder suchte, in denen sie sich ausleben konnte.

Frauen mit weniger sportlichen Ambitionen engagierten sich bei den „Grünen Damen“: Hier kümmerten sie sich um die Kranken und Armen; dieses soziale Engagement war gesellschaftlich akzeptiert. Hier schufen sich die Frauen einen Kanal für ihr inneres Feuer – und diese Frauen erkrankten nicht an der Neurasthenie.

Ob „Wandervögel“ oder „Grüne Damen“ – all die neuen Einrichtungen sorgten dafür, dass Frauen mehr Bewegungsraum hatten. Sie wanderten zusammen, unternahmen Ausflüge, organisierten gesellschaftliche Zusammenkünfte selbst. Das galt durchaus als ungehörig: In Gruppen auf langen Strecken unterwegs und aktiv zu sein – und ohne Mann –, den Weg zur Natur zurück zu suchen, den häuslichen Herd verlassend. Meine Großmutter war zeitweise nicht im Haus, weil sie mit den „Wandervögeln“ unterwegs war. Sie ging wandern und die Dienstmädchen machten den Haushalt. Für Frauen – besonders unverheiratete – war es völlig undenkbar, über Nacht wegzubleiben, aber im Kreis der Wanderfrauen war vieles möglich. Diese Wanderströmung hatte enormes Potenzial, so vieles war in Bewegung und brach auf. Die Frau des Hauses organisierte noch die Tafel für eine Wohltätigkeitsgala zugunsten des Waisenhauses – freute sich aber insgesamt schon auf die Wanderung am nächsten Tag mit ihren Freundinnen inklusive einer Übernachtung außer Haus. Sie organisierte sich nun selbst, ohne den Mann und Bestimmer zu fragen. Der Hausherr bekam vom Personal sein Essen serviert, weil seine Gattin auf Tour war.

Wo blieb da der Mann, wenn die Frau sich in die Welt hinausbewegte? Er merkte, dass seine Frau sich Dinge gesucht hatte, aus denen sie Kraft und Anerkennung zog. So bildete sie sich auch eine eigene Meinung über die Welt – die sie ihm fortan selbstbewusst entgegenhielt. Er konnte sich auf Altbekanntes nicht mehr verlassen oder zurückziehen.

Das Revolutionäre waren aber nicht die gemeinsamen Wanderungen von Frauen, sondern die Veränderungen beziehungsweise Forderungen, die hinter dieser Bewegung standen. „Zurück zur Natur“ bedeutete vor allem: weg vom Herd. Die Frauen bewegten sich wieder hinaus in die Welt. Sie redeten mit und zeigten sich dem Mann gegenüber gleichwertig. Die Forderungen wurden lauter und konkreter; die Frauenemanzipationsbewegung schritt voran. Dem Wahlrecht für Frauen folgten Politikerinnen und Aktivistinnen. Bürgerliche Frauen traten plötzlich öffentlich auf und gingen ins öffentliche Leben.

Die Frauen entdeckten, dass sie mehr Ressourcen und Möglichkeiten hatten. Was vorher nicht denkbar war, durften sie plötzlich denken. Plötzlich merkten Frauen, dass sie noch viel mehr Potenzial hatten, als bislang zugelassen. Dieses Potenzial wollten sie dann auch nutzen – doch unter den gegebenen Umständen konnte es sich gar nicht entfalten. Als würde ihr inneres Feuer, ihre Lust etwas zu bewegen, gedeckelt. Ein Trend wie die Wandervogel-Bewegung war eine Art Ventil für die Gezügelten: Die bürgerlichen Frauen kamen heraus aus ihrem Trott und erweiterten ihren Horizont.

Durch die Industrialisierung hatte sich die herkömmliche Arbeitsteilung in Frauen- und Männerarbeit aufzulösen begonnen. Frauen und Kinder konnten in der Weberei nun ebenso gut arbeiten wie die Männer. Die Frauen konnten – und mussten! – also nun auch jenseits des Haushalts und jenseits der Landwirtschaft arbeiten. Diese gesellschaftliche Veränderung erreichte auch die bürgerlich gebildeten Frauen, die nicht arbeiten mussten. Mit weitreichenden Auswirkungen.

Die Rollen von Mann und Frau gerieten ins Wanken: Die Frauen erkämpften sich ihr Wahlrecht. Ein neues

Selbstbewusstsein bis hin zu Modefragen setzte sich durch: Die Frauen trugen Hosen und fuhren Fahrrad. Den Damensattel ließen sie links liegen; sie schwangen wie die Männer ihr Bein über den Pferderücken und hielten fortan mit den Männern mit.

Die Frauen konnten nun auch Männertätigkeiten ausüben, weil es bei der Arbeit nicht mehr um reine Körperkraft ging, sondern weil mit Maschinen, Hebeln und ähnlichen Hilfsmitteln jeder Arbeiter alles machen konnte. Die Arbeiterinnen drangen in die Männerwelt vor. Das brachte auch die intellektuellen Frauen aus den höheren Schichten zum Nachdenken. Auch sie stellten nun die eigene ihnen zugewiesene Rolle mehr und mehr infrage. Es entwickelten sich Literaturkreise, die Frauen mischten sich in die Politik ein, sie nahmen am öffentlichen Leben teil und stellten Forderungen. All das passierte nahezu zeitgleich mit der Industrialisierung: Die Frauen wurden in der breiten Masse öffentlich. Die Verschiebung der Geschlechterrollen begann – und betraf jeden.

Frauen hatten nunmehr viel breitere Möglichkeiten, die auch immer deutlicher zu Erwartungen wurden. Sie durften nun auch organisiert auftreten und sich in den von ihnen gewählten Bereichen „abreagieren". Das tolerierten die Männer durchaus, solange zu Hause alles im Fluss blieb. Doch die Tatsache, dass Frauen öffentlich wurden, hieß auch, dass sie den heimischen Herd verließen. Sie erkundeten andere Subkulturen der eigenen Gesellschaft und erweiterten ständig das Wissen und Weltwissen der Frauen. Daraus entwickelten sich zunehmend Forderungen: „Warum nicht eigentlich wir auch?" Sie wollten wählen, Auto fahren, Sport treiben.

Rosa Luxemburg wurde eine Ikone auf politischer Ebene, später brachte Coco Chanel die Männerwelt ins Wanken: Sie befreite die Frau vom Mieder und trat in Männerkleidung auf. Selbstverständlich ritt sie im Herrensattel und in Hosen. Sie wurde als Exotin wahrgenommen und als Individuum geduldet. Männer fanden sie sogar reizvoll. Solange sie mit ihren spinnerten Ideen allein blieb, war das für die Männer in Ordnung. Doch dann traten die Irritationen auf: Coco Chanel ritt im Herrensitz einer Heerschar von Frauen voran, die ihr folgten und ihre Ansätze weitertrugen. Als aber die „normalen" Frauen folgten und sogar die eigene Gattin plötzlich das Mieder ablegte, wurde die Sache schwierig.

Hose oder Rock?

So absurd es klingen mag: Selbst die Geschichte der Hose gibt Aufschluss über diese Entwicklung – nicht nur modisch inspiriert, sondern auch praktisch orientiert. Zu Beginn des 20. Jahrhunderts kam die Hose als weibliches Kleidungsstück auf – und erfuhr zunächst gehörigen Widerstand. Dennoch: Nun hatten also die Frauen „auch die Hosen an". Die Kleidungsetikette war auf den Kopf gestellt. Frauen konnten sich ungehinderter bewegen, wurden mutiger und selbstbewusster.

Der Kulturhistoriker Eugen Isolani stellte 1911 fest, dass noch nie eine neue Kleidermode solches Aufsehen erregt habe: „Man verfolgt Frauen, die es wagen, ihren Rock ganz tief oberhalb der Füße in zwei Teile […] auslaufen zu lassen, so daß man diese Neuheit kaum bemerken und als Hose bezeichnen kann, mit spöttischem Gejohle auf den Strassen, so daß sich die unglücklichen Culotte-Trägerinnen in Häuser flüchten müssen. Und das geschah in Weltstädten, deren Bewohnerschaften gewöhnt sind, daß ihnen manche Extravaganz der Mode vorgeführt wird."

Doch durch das Tragen von Hosen, Fahrradfahren und Reiten im Herrensitz entsteht noch lange keine Neurasthenie – und auch kein Burnout. Äußere Entwicklungen, insbesondere bei der Mode, sind ja immer Ausdruck von Entwicklungen, die sich im Innerrn der Menschen abspielen. Also: Was passierte da eigentlich in den Köpfen?

Die Umwälzungen lösten in der Gesellschaft nicht nur Freiheiten aus, sondern führten auch zu neuen Ansprüchen: Frauen merkten, dass sie mehr machen konnten. Doch mit den neuen Möglichkeiten entstanden auch neue Zwänge, Erwartungen und Druck.

Jeder Mensch hat die Möglichkeit, etwas zu tun, und muss gegebenenfalls die Entscheidung treffen, es *nicht* zu tun. Das grundsätzliche Problem: Eine Entscheidung gegen etwas „Normales" ist gesellschaftlich weniger anerkannt. Der Entscheidende muss sich rechtfertigen, wenn er etwas nicht tut. Er kann gar ein Gefühl des Getriebenseins entwickeln: „Ich gehe nicht mit zum Wiener Opernball … Ich gehe nicht arbeiten." So fallen Bereiche weg, in denen die gesellschaftliche Anerkennung vorher selbstverständlich war.

Die Menschen in der bürgerlichen Gesellschaft begaben sich also in eine neue Rollenunsicherheit und mussten neuen Ansprüchen genügen, um Anerkennung zu erhalten. Das bedeutete Unsicherheit – und Stress: Die

Garantie von Anerkennung und Zugehörigkeit war aufgelöst, althergebrachte Identitäten waren weggebrochen. Aber auch sämtliche weitere Schichten der Gesellschaft waren von Umwälzungen betroffen. Die Industrialisierung hat nicht nur den Begriff der Arbeit umgestaltet, sondern auch die Rollen von Mann und Frau. Und damit wurden Identifikationsmodelle und Rollenstrukturen aufgelöst, permanente Unsicherheit machte sich breit. Dort, wo Rollen und Erwartungsmuster sich auflösen, wo die festen Identitätsmuster entfallen, gibt es keine sichere Basis mehr. Der schwankende Boden fordert ständige Aufmerksamkeit und immer wieder neues Austarieren. Ein emotionaler Kraftakt, der in eine emotionale Erschöpfung führt. Und nichts anderes ist Burnout. Vor hundert Jahren wie heute.

Nach dem Krieg folgte in den Fünfziger- und Sechzigerjahren das „Golden Age of Marriage“: Zu dieser Zeit erlebte die klassische Rollenaufteilung einen Aufschwung – die Anzahl der Burnout- bzw. Neurasthenie-Fälle sank. Der Prozess der Rollenumwälzungen flaute ab. Hatten in den Kriegs- und frühen Nachkriegsjahren die Frauen gar keine andere Chance, als „ihren Mann zu stehen“, weil die Männer zerschunden oder vermisst waren, fielen sie bald wieder in alte Muster und Rollenbilder zurück. Die Fünfziger- und Sechzigerjahre waren in Deutschland davon geprägt, dass Ehe und Familie die festen Institutionen der Gesellschaft bildeten. Die Rollenverteilung war klar und eindeutig: Der Mann geht zur Arbeit, die Frau bleibt zu Hause. Frustration ja, auch „Frauengold“, aber von Burnout, Neurasthenie oder Ähnlichem keine Spur …

Heute können junge Frauen über Publikationen wie

„Das goldene Buch der Frau“ nur schmunzeln. Aber die Statistiken aus der Zeit, in der diese Regeln galten, sprechen eine deutliche Sprache: Wenn die eigene Rolle klar beschrieben ist und Sicherheit verleiht, dann sinkt die Gefahr auszubrennen.

Ausgebrannte Vorreiter

Kein Blick zurück ohne den Blick nach vorn. Ich frage mich: Wie sieht es bei den Vorreitern in Sachen Gleichberechtigung aus? Die Vorreiter, das sind die nordischen Länder: Das erste Frauenwahlrecht in Europa wurde 1906 in Finnland eingeführt, Norwegen folgte 1913, dann Dänemark 1915. Die skandinavischen Länder sind bis heute die Orte auf der Welt, an denen die Gleichstellung der Frau am weitesten vorangeschritten ist. Norwegen war 2003 der erste Staat, der im Gesellschaftsrecht eine gesetzliche Quotenregelung für die Besetzung von Aufsichtsräten in Unternehmen einführte. Dieser Schritt hat eine breite Debatte auch in anderen Staaten ausgelöst. Seit 2004 ist in Norwegen per Gesetz verankert, dass 40 Prozent der Manager in den Vorständen aller staatlich kontrollierten Unternehmen und in allen öffentlichen Gremien weiblich sein müssen. Das Gesetz wurde beschlossen, und die Wirtschaft hatte zwei Jahre Zeit, die Auflagen umzusetzen. Ein breit ausgebautes Krippen- und Kinderbetreuungsnetz sorgt für eine sehr hohe Frauenarbeitsquote; es wird beiden Eltern leicht gemacht, berufstätig zu sein. Das klingt erst einmal sehr engagiert und im Sinne der Gleichberechtigung erfreulich. Irgendwie scheinen die

Skandinavier bereits dort angekommen zu sein, wo wir unter großen Veränderungsschmerzen erst hinwollen.

Allerdings: Der Preis könnte erschreckend hoch sein. Denn wenn es stimmt, dass die Emanzipationsbewegung zu Rollenunsicherheit und die wiederum zu Burnout führt, dann müsste die Burnout-Rate in den Ländern mit weit fortgeschrittener Gleichberechtigung höher sein. Nun, wenn es noch eines Beleges bedurfte: Die Burnout-Rate in den skandinavischen Ländern liegt weit über dem Durchschnitt! Laut einer OECD-Studie scheiden in keinem anderen Land der Welt so viele Menschen mit der Diagnose Burnout aus dem Arbeitsleben aus wie in Dänemark.

Nach all diesen Hinweisen, Belegen und Argumenten, die ich in diesem Buch angeführt habe, behaupte ich: Je stärker die gesellschaftlichen Veränderungen, die die Emanzipationsbewegung der Frauen mit sich bringt, vorangeschritten sind, desto größer ist die Rollenunsicherheit der Menschen. Und diese Rollenunsicherheit ist die eigentliche Grundlage für das Phänomen Burnout.

Wohlgemerkt: Mir geht es hier nicht um die Renaissance einer veralteten Rollenverteilung, sondern um die Diagnose des Problems. Wenn Rollen ins Wanken geraten, dann geraten auch die Menschen ins Wanken, daran habe ich mittlerweile keine Zweifel mehr.

Die Frage ist nur: Was machen wir jetzt mit dieser Erkenntnis? Niemand kann und will zurück in die Fünfzigerjahre des vergangenen Jahrhunderts. Gleichzeitig können wir es uns aber einfach nicht mehr leisten, immer weiter an den Symptomen herumzudoktern und die eigentliche Ursache links liegen zu lassen. Wie kann ein Ausweg aussehen? Resignation kommt jedenfalls nicht infrage!

Kapitel 10

Warum Burnout nicht vom Job kommt

Wenn ich heute einen Haushaltsreiniger im Supermarkt kaufen möchte, muss ich nicht mehr nur wissen, ob er für Bad, Küche oder Fußboden sein soll. Früher war das Putzmittelregal 80 Zentimeter breit, heute füllen die Produkte ganze Gänge. Ich kann und muss mich dauernd entscheiden: Will ich Zitrus oder Lavendel, will ich öko oder billig, will ich schick verpackt oder mit Option auf Nachfüllpackungen. Ein einziger Punkt auf meiner Einkaufsliste wird zu einer Entscheidungsqual.

Und ein weiterer Umstand verschärft das Problem noch mehr: Jede Entscheidung *für* etwas ist immer auch eine Entscheidung *gegen* etwas. Diese Erfahrung nimmt bei einer stark gestiegenen Anzahl von Optionen deutlich zu. Wenn die Auswahl bei jeder Entscheidung immer größer wird und der Druck von außen, sich richtig zu entscheiden, immer weiter ansteigt, hängt von jeder einzelnen Wahl auch ein Stück meiner Identität ab.

Wenn ich mich nun entscheide: Ich will zu den ökologisch bewussten Konsumenten gehören, dann empfinde ich zunächst einmal eine befriedigende Zugehörigkeit zu einer Gruppe, deren Werte ich weitgehend teile. Doch diese Grundentscheidung hat Folgen. Die Sache ist ja gar nicht so einfach: Wenn ich mich ernst nehmen will mit meinem ökologischen Bewusstsein, dann muss ich auch wissen, was denn in unterschiedlichen Situationen jeweils das ökologisch Beste ist. Sind PET-Flaschen nun öko, weil sie leichter zu transportieren sind, oder gerade nicht öko, weil sie giftige Inhaltsstoffe haben? Ist das Bio-Obst aus Israel mehr oder weniger öko als die Nicht-Bio-Sorten aus dem heimischen Landkreis? Und ist die Hin- und Rückfahrt mit dem Auto zum 10 Kilometer entfernten Bauernmarkt ein ökologischer Nachteil gegenüber dem Einkauf zu Fuß im Supermarkt um die Ecke? Ich muss außerdem die aktuellen Skandale der Lebensmittel- und Konsumgüterbranche kennen, um nicht aus Versehen ökologisch Bedenkliches zu kaufen. Ich muss mich über den jüngsten Stand der gesellschaftlichen Diskussion informieren: Sind Supermärkte generell Bösewichte? Oder nur manche? Sollte man besser beim Versender kaufen? Ist ökologisch zu konsumieren überhaupt nur Augenwischerei oder geht das wirklich? Und wie ist es eigentlich mit dem Preis-Leistungs-Verhältnis? Der ganze Bereich ist hochkomplex!

Wenn ich diese Werte-Entscheidung für ein ökologischeres Leben also treffen will – bewusst oder unbewusst –, dann muss ich dauerhaft für die Zugehörigkeit zu der Gruppe der „ökologisch bewussten Konsumenten" kämpfen; ich habe sie nicht per se. Ich muss ständig leisten und mir meine Rolle permanent formen. Und das gilt für alle modernen Rollen und Zugehörigkeiten: Es gibt keine dauerhaften Standardmuster mehr. Ich kann nichts mehr übernehmen, ich muss immer selbst ran, ich bin stets selbst verantwortlich dafür, wer ich bin: ob ich erfolgreich oder ein Loser bin, unglücklich, krank, hübsch oder hässlich, dick oder dünn: Immer bin ich selbst schuld, weil ich alles selbst entscheiden kann. „Tu, was du willst", das Credo unserer multioptionalen Zeiten, beinhaltet auch: „Du musst erst mal wissen, was du willst. Und dann musst du es durchziehen!"

Das hat uns weggeführt vom entspannten „Ich bin" zum stressigen „Ich leiste, also bin ich". Weg vom Sein-Dürfen, hin zum Tun-Müssen. Und eigentlich ist das etwas Unmögliches, eine *Mission impossible*: Wenn ich erst etwas leisten muss, um etwas zu sein, bin ich es ja gerade nicht. Da ich aber eigentlich das Angestrebte sein muss, um das Geforderte leisten zu können, heißt das: Ich muss etwas leisten, was ich gar nicht leisten kann, um etwas zu sein, was ich nicht bin.

Das ist also die große, neue Freiheit.

Die Emanzipationsbewegung der letzten Jahrzehnte hat die Autoritäten aus unserem Leben entfernt und uns von der Macht und der offen ausgetragenen Herrschaft der Eltern, der Lehrer, des Staats oder des Arbeitgebers befreit. Sie hat die Frauen aus der unterlegenen Position emporgehoben und den Männern in vielen Bereichen gleichgestellt, in manchen Bereichen sogar über den Mann gestellt. Aber es ist, als ob der Teufel mit dem Beelzebub ausgetrieben worden wäre: Die Befreiung schuf neue Unfreiheiten. Die Auflösung alter Dogmen und Zwänge schuf neue Dogmen und Zwänge, neue Erwartungen, neue Ansprüche. Und wir alle stehen unter viel größerem Druck als zuvor.

Als bei der Fußball-WM 2011 der Damen die deutsche Nationalmannschaft so unerwartet frühzeitig ausschied, war das erleichterte Aufatmen etlicher Männer fast greifbar. Ich war verblüfft, als ich es bemerkte. Wie, sind das etwa alles Chauvinisten? Mitnichten! Die Frauen stehen so unter Druck, dass sie auch noch die letzten Bastionen der Männer einnehmen müssen, um sich nicht entwertet zu fühlen. Und die Männer stehen so unter Druck, dass sie es kaum mehr ertragen können, nun auch noch eine der letzten Männerbastionen aufgeben zu müssen – das würde sie vollends entwerten. Da stand sogar der sportliche Patriotismus etwas hintenan; die demontierte Männerrolle war in dem Moment das schwerwiegendere Problem.

Wir scheinen einfach nicht mit der Auflösung der Muster zurechtzukommen. Wenn die alten Rollenbilder keine Anerkennung mehr erzeugen, ja, sogar in eine Defiziterfahrung führen, dann erhöht sich der Druck auf den Einzelnen immens: denn er steht nicht mehr auf sicherem Grund. Im Blick auf seine Identität steht er wie vor dem besagten Supermarktregal: Wie treffe ich die richtige Entscheidung? Was ist richtig? Wie finde ich Erfüllung? Der Preis für unsere Freiheit ist die Qual der Wahl. Und die bringt quälende Unsicherheit mit sich.

Heimatlos im Niemandsland

Helmut Meyran zog regelrecht die Schultern hoch, als er in der Gesprächsrunde seine familiäre Situation beschrieb: Der mittelgroße, etwas untersetzte Marketingleiter eines Verlages hatte mit seiner Frau drei gemeinsame Kinder im Alter von vier bis zehn Jahren. Er bekleidete in seinem Unternehmen eine verantwortungsvolle Position und hatte bei allen Sitzungen seiner Abteilung anwesend zu sein. Dafür bekam er nicht nur ein ordentliches Gehalt, sondern auch die entsprechende Anerkennung. Seine Frau war Filialleiterin in einer Bank, doch mit der Ankunft des ersten Kindes legte sie ihren Beruf nieder und kümmerte sich um Haushalt und Familie. Doch seit einem Jahr war sie nun wieder für 25 Stunden in der Woche in ihrer Bank tätig, selbstverständlich weit jenseits vom Führungsposten und mit deutlich weniger Kompetenzen und Anerkennungen bedacht. Dennoch wollte sie die Aufgabe unbedingt erfüllen – nicht zuletzt hatte sich die Familie auch an einen Lebensstandard gewöhnt, der den zusätzlichen Verdienst fest einkalkulierte.

Felder der Anerkennung sah sie für sich jetzt vor allem durch ihre hohen Ansprüche und ihre Leistungsfähigkeit in der Familienarbeit gegeben. Sie wollte ihren Kindern die bestmöglichen Förderungen angedeihen lassen: Der Jüngste sollte seine ausgeprägte Kommunikationsscheu beim therapeutischen Reiten überwinden, die Mittlere wünschte sich ein Klavier, und der Älteste träumte vom Fußballcamp auf Mallorca, bei dem Rudi Völler und andere ehemalige Bundesligaspieler höchstpersönlich Tipps und Tricks verraten sollten.

Helmut Meyran registrierte deutlich, dass seine Frau an sehr vielen Fronten mit vollem Einsatz unterwegs war. Vor ihrem Job mussten die Kinder geweckt, angezogen und in Schule und Kindergarten gebracht werden. Frische Sachen angezogen? Gefrühstückt? Schulranzen gepackt? Zähne geputzt? Gekämmt? Sportsachen dabei? Nach der Arbeit wurden alle wieder eingesammelt und zu ihren jeweiligen Verabredungen, Trainings und Terminen gebracht. Seine Frau stürzte sich von ihrer Arbeit in der Bank ohne Pause in die andere Kultur der Familie. So wie es heute eben in vielen Familien ganz normal ist.

Der reibungslose Ablauf konnte nur garantiert werden, wenn keine Störfaktoren dazwischenkamen. Und da seufzte Helmut Meyran tief und zog die Schultern noch etwas weiter zu den Ohren: Deshalb habe er von seiner Frau die Auflage bekommen, entweder um 18 Uhr zum Abendessen daheim zu sein – oder erst nach 20 Uhr. Entweder er kam früh nach Hause, damit er mit den Kindern noch das Einschlafritual durchführen konnte. Oder eben später, wenn die Kinder schon versorgt waren und schliefen. Wenn er mittendrin dazwischenfunkte, verzögerte sich der gesamte Ablauf, und der morgendliche Druck für die Frau wuchs, die die übermüdeten Kinder dann pünktlich aus dem Bett bekommen musste.

Sie hatte einfach nicht die Nerven dafür, ihren Mann das straff geplante Abendprogramm durcheinanderbringen zu lassen. Es machte sie wütend, wenn die Kinder jubelnd die ihnen mühselig in die Hand gedrückte Zahnbürste wegwarfen und losstürmten, weil sie Papa in der Auffahrt gehört hatten. Sie hatte während des gesamten Tages den Alltag organisiert, alle Kämpfe ausgefochten und das Beste für ihre Kinder herausgeholt – und das wollte sie abends zu einem guten und ungestörten Abschluss bringen.

Sie bat ihren Mann, sich zu entscheiden, wann er nach Hause kommen wollte: früh vor dem Abendessen oder spät, wenn die Kinder bereits im Bett waren. Und da der Mann aus beruflichen Zwängen selten das Büro vor 17 Uhr verlassen konnte, war er eben bis 20 Uhr dort. Und sah seine Kinder an vielen Tagen weder morgens noch abends.

Helmut Meyran liebte seine Frau und er hatte sich immer eine große Familie gewünscht. Aber nun fehlten ihm die strahlenden Gesichter und die begeisterten Geschichten seiner drei Jungs. Und ihm fehlten in all dem Stress die Zeiten entspannter Innigkeit mit seiner Frau.

Der Hauptverdächtige in Sachen Burnout ist immer der Job. Egal, welcher Zeitschriften-Aufmacher, egal, welche Talkshow, (fast) egal, welches Buch zum Thema: Der zweifellos zunehmenden Arbeitsbelastung wird der Schwarze Peter zugeschoben. Und damit machen wir uns zu Opfern der Umstände. Fast schon wie ein Mantra klingen die üblichen düsteren Beschreibungen: Burnout entsteht durch die gravierende Schnelllebigkeit unserer Zeit, die ständig wachsenden hohen Anforderungen, die Gefühlskälte, die zunehmende Fremdbestimmung und die Dauerbelastung rund um die Uhr. Und diese Argumentation ist ja auch auf den ersten Blick völlig einleuchtend.

Aber zu kurz gegriffen: Der Job und seine Belastungen sind nur ein Rädchen in einem viel größeren Getriebe.

Immer mehr Menschen erfahren keinen ausreichenden Sinn mehr in ihrem Leben, weil sie versuchen, unerfüllbare Erwartungen zu erfüllen: nämlich immer jemand anderes zu sein, als sie sind, und mehr zu sein, als irgendjemand sein kann. Der vermeintlich letzte Ausweg aus dem äußerlichen oder imaginierten Anforderungsdruck ist der Versuch, gleichzeitig ein bisschen von allem zu sein. Ein bisschen Mutter, ein bisschen Geschäftsfrau, ein bisschen Ehefrau, ein bisschen Liebespartnerin. Was für ein Stress!

Wenn ich ständig überlegen muss, was denn nun meine Aufgabe ist und was nicht, verbrenne ich Ressourcen, die mir dann an anderer Stelle fehlen. Es ist wie bei einem Auto, bei dem ich im Leerlauf das Gas durchtrete: Benzin wird verbrannt, doch ich komme keinen Meter von der Stelle. Und wenn dann noch im Bereich der Sinnhaftigkeit und der Zugehörigkeit Defizite oder schlichtweg Orientierungslosigkeit besteht, haben die Menschen schwer zu kämpfen. Sie wissen nicht mehr, wo sie hingehören: Zu den Frauen? Zu den Männern? Zu welchen Männern? Zu welchen Frauen?

Burnout-Patienten verbrennen innerlich, weil sie nicht mehr wissen, wofür sie brennen sollen. Sie deckeln ihr Feuer, sie rauben ihm die Nahrung. Sie entfalten sich nicht, weil sie durch zu frühe Anpassung ihre eigenen Ecken und Kanten verloren haben und nun gar nicht mehr wissen, was sie eigentlich in die Welt hinaustragen wollten. Durch die Rollenauflösung in der Gesellschaft ist den Menschen die sichere Basis verlorengegangen. Unsere Wurzeln finden keinen Halt mehr. Wir sind auf der ständigen Suche nach Bodenkontakt, auf Sinnsuche. Und genau das fordert die moderne Welt von uns: Sinnsuche – Mach dein Glück! Finde dich selbst! Bau dir dein Leben! Jeder ist für sein Glück selbst zuständig. Schicksal? Gibt es nicht! Gesellschaftliche Vorgaben? Das ist doch von gestern!

Burnout kommt eben nicht vom Job – sondern von der verzweifelten Suche nach Sinn und Anerkennung in einer Welt, in der die Rollenbilder ins Wanken geraten sind und keinen Halt mehr geben. Wo Rollenmuster beliebig werden, reibt sich der Einzelne auf dem Weg durchs Niemandsland auf. Und erfährt emotionale Erschöpfung.

So, und dann erlebe ich in einer Talkshow, lese ich in einer Zeitschrift, höre ich von vermeintlichen Experten ständig den impliziten oder expliziten Ratschlag „Verschaffen Sie sich Erholung durch einen guten Freizeitausgleich!“ – solche Schmalspurlösungen wirken vor diesem Hintergrund sehr, sehr schlicht, ja, beinahe lächerlich. Natürlich ist es nicht allein damit getan, mal eine Pause einzulegen oder weniger zu arbeiten!

Doch wie sieht nun der wirkliche Ausweg aus der Burnout-Falle aus? Müssen wir etwa das Rad der Geschichte zurückdrehen und zu einer Monokultur der Holzschnitt-Rollen zurückfinden?

Was wirklich frei macht

Detlef Winterkamp war eigentlich kein Mann der großen Worte. Er hielt sich an harte Fakten. Seine fachliche Qualifikation als Maschinenbauingenieur hatte ihm einen Beratungsposten in einem Industrieunternehmen beschert, für das er nach einer Firmenfusion in allen Filialen deutschlandweit die Abläufe kontrollierte. Dafür musste er Gespräche führen, mit den Menschen kommunizieren und bei Schwierigkeiten mit Kunden vermittelnd eingreifen. Genervt und erschöpft berichtete er mir davon, wie sehr sich die Arbeit verdichtet habe. Dauernd müsse er hin- und herfliegen; er hasste es, viel Zeit auf den Flughäfen zu verbringen, die er mit seinem Laptop effektiv zu nutzen versuchte.

Detlef Winterkamp hatte eine Frau und drei Kinder; das kleinste war noch ganz jung. Die Frau ärgerte sich zunehmend über die Tatsache, dass er immer so spät heimkam und sich zu Hause immer weniger einbrachte. Sie fühlte sich alleinerziehend verheiratet. Der Mann hatte zwar den Anspruch, eine guter Familienvater zu sein und wollte auch mehr Zeit mit den Kindern verbringen, doch war er abends meistens so erschöpft, dass er selbst die kurze ihm zur Verfügung stehende Zeit nicht erfüllend nutzen konnte. Die Kinder wuchsen heran und er bekam wenig von ihrer Entwicklung mit.

Der 48-jährige Mann war völlig ausgebrannt. Er erzählte, dass er manchmal eine ganze Stunde lang nicht einmal die Kraft habe, im Flughafenparkhaus seinen Wagen anzulassen, um nach Hause zu fahren.

Das Bild, das er zeichnete, kam mir sehr bekannt vor. Es ist immer in etwa dasselbe Bild, das die Ausgebrannten mir präsentierten. Aber dann wurde ich an einer Stelle doch hellhörig: Am Rand seiner Erzählung erwähnte er in einem Nebensatz den Wunsch, einen ganz bestimmten Oldtimer zu restaurieren. Ich hakte nach: Welchen Oldtimer er denn meinte? „Einen BMW 507 Roadster! Baujahr 1957. Wissen Sie, der Kotflügel läuft hinter dem Vorderrad an der Flanke aus, und darunter hat er solche Haifischkiemen. Haben Sie bestimmt schon mal gesehen!"

Hatte ich nicht. Aber egal, aus dem Mann sprudelte es nun regelrecht heraus: „Wissen Sie, der Wagen wurde von dem berühmten deutschen Designer Albrecht Graf von Goertz entworfen. Er wurde nur 252-mal gebaut. Und ich glaube, ich könnte einen davon bekommen."

Seine Augen begannen zu leuchten. Er wünschte sich diesen Oldtimer so sehr! Er hatte sogar schon für die äußeren Bedingungen gesorgt, die seinen Traum möglich machen könnten: Es gab eine große Garage (zum Ärger seiner Frau), und in die träumte er sich hinein, das ganze Wochenende an seinem Schmuckstück schraubend.

Was tat ich? Meine Aufgabe bestand darin, diesem Mann zu helfen, ins Leben zurückzufinden. Und hier war er, der Lebensfunke. Also bestärkte ich ihn darin, sich so schnell wie möglich diesen Wunsch zu erfüllen. Und das bedeutete zuerst, seiner Frau zu erklären, warum er das Auto haben wollte, und in eine ernsthafte Verhandlung mit ihr einzutreten. Ich unterstützte ihn darin, sich direkt mit seiner Frau über dieses Thema auseinanderzusetzen, um sich ein Stück eigenes Leben zurückzuerkämpfen.

Seine Frau verstand. Und trug die verrückte Sache mit. Denn auch sie erkannte: Detlef Winterkamp war ausgebrannt, weil er sich zwischen den kommunikativen Ansprüchen aller Seiten zerriss. Nirgends in seinem Leben gab es etwas, das genau für ihn passend war, das genau ihn zufriedenstellen konnte. Und das bedeutete in seinem Fall: Nirgends in seinem Leben gab es etwas, an dem er etwas bauen, etwas produzieren, etwas zum Funktionieren bringen, etwas schön machen konnte. Eine Sache, die er anfassen konnte, die ihn mit Werkstolz erfüllen konnte – und bei der er nicht kommunizieren musste!

Nachdem er es ihr erklärt hatte, verstand sie auch, dass das Schrauben in der Garage zwar erst einmal Zeit und Geld kosten würde, dass aber langfristig damit etwas für das Sozialgefüge der Familie getan würde. Detlef Winterkamp wurde selbst klar, dass er das Auto unbedingt brauchte, egal, wie groß die Widerstände auch sein mochten. Dieser alte Haufen Blech war für ihn wie ein frischer Luftzug auf die fast verglimmte Glut unter all der Asche.

Und es funktionierte!

Bitte schauen Sie sich genau an, was hier passiert ist. Der Job des Mannes war immer noch genauso aufreibend wie eh und je. Er hatte den gleichen Stress wie immer, die Taktung der Aufgaben nahm eher zu, und der Druck erhöhte sich beständig. Auch die Erwartungen der Familie, der Kollegen und der Freunde an ihn und sein eigener Wunsch, sowohl im Beruf erfolgreich zu sein als sich auch zu Hause mehr einzubringen, veränderten sich überhaupt nicht. Von weniger Arbeit und weniger Ansprüchen konnte nicht die Rede sein. Es kam sogar noch etwas hinzu: viele Stunden Arbeit an dem Oldtimer. Und doch lebte Detlef Winterkamp wieder auf.

Er hatte seine ganz spezielle Lösung gefunden, seine Akkus wieder aufzuladen. Und damit sind nicht die körperlichen Akkus gemeint, sondern die emotionalen. Die Zeit, in der er am Auto arbeitete, war für ihn Eigen-Zeit, seine eigene Ich-Zeit, seine Ich-Stärkungs-Zeit. Mit öligen Händen und schwerem Werkzeug versank er ganz in der Welt von Motor und Technik. Je schöner und kompletter der alte Wagen wurde, desto stolzer war er – als ob der Wert seines Werkes auf ihn abstrahlte und seinen Selbstwert erhöhte. Und für ihn ganz wichtig: Hier musste er nicht reden. Fernab von den Aufgaben auf der Beziehungsebene im Betrieb und den Pflichten in der Familie, abseits der ständigen kommunikativen Herausforderungen, außerhalb des Hauses, des Herrschaftsgebiets seiner Frau, allein in seinem Reich – die Garage genügte ihm vollkommen –, hier konnte er schlichtweg *sein*. Spielend einfach sein.

Stolzgebiete

So, und jetzt bitte ich Sie noch einmal nachdrücklich darum, mich nicht falsch zu verstehen. Ich trete *nicht* für die Abschaffung moderner gesellschaftlicher Errungenschaften oder gar für die Suspendierung der Gleichberechtigung ein! Mir ist klar geworden, dass wir in einer Art Zwischenzeit leben. Die alten Muster sind zerstört und die neuen Muster haben wir noch nicht gefunden. Wir haben noch keine Sprache dafür entwickelt, was wir im Leben brauchen, um trotz der Melange aus Multioptionalität, Komplexität, Dynamik und konkurrierenden Ansprüchen unsere Ich-Stärke zu bewahren. Wir haben auf der gesellschaftlichen Ebene noch nicht gelernt, die Schwächung der äußeren Autoritäten mit einer Stärkung der inneren Autorität zu kompensieren – und das würde einfach bedeuten: Wir haben noch nicht gelernt, unsere emotionalen Bedürfnisse zu erkennen und durchzusetzen, indem wir die individuellen Freiräume, die wir dazu benötigen, partnerschaftlich aushandeln.

Mein Plädoyer zielt nicht auf die Restaurierung des Paschas und seines Heimchens am Herd, sondern auf die gesellschaftliche Selbstverständlichkeit, individuelle Bedürfnisse so auszuleben, dass das Individuum stärker wird, ohne andere damit zu belasten oder einzuschränken.

Meine Idee von Lebenspartnerschaft ist die eines Teams: Männer und Frauen müssen sich auf familiärer, aber auch auf gesellschaftlicher Ebene als Teampartner verstehen. Allerdings nicht wie beim Synchronschwimmen, wo jeder das Gleiche tut, wo der Schlüssel in der Auflösung der Individualität liegt, sondern wie beim Fußball: Hier muss jeder Spieler auf genau der Position spielen, auf der er seine Stärken am besten in den Dienst der Mannschaft stellen kann. Wer Stürmer und Abwehrspieler zugleich sein will, reibt sich auf und verliert das Spiel oder zumindest seinen Stammplatz in der Mannschaft.

Man könnte auch sagen: Anstatt allen anderen gleich werden zu wollen, geht es darum, mir selbst gleich zu werden. Es geht darum, mir selbst gerecht zu werden, indem ich meine ureigenen Bedürfnisse und Fähigkeiten erkenne und anerkenne.

Das ist die entscheidende Wendung: vom „Ich leiste, also bin ich“ hin zum einfachen „Ich bin“. Auch wenn dieses „Ich bin“ temporär und individuell gewählt ist.

„Ich bin jetzt wohl mal ...“

Als ich mein Diplom in der Tasche hatte, durfte ich mir von meinen Eltern etwas wünschen, und ich bekam es auch tatsächlich von ihnen: eine gut gefüllte Werkzeugkiste und eine eigene Bohrmaschine, mit der ich in meiner Frauen-WG-Zeit so manchen Dübel versenkt habe.

Dann lernte ich meinen Mann kennen, und wir beschlossen, eine Familie zu gründen. Natürlich wieder mit allem Drum und Dran: Wenigstens vier Kinder wollten wir haben, dazu ein Haus mit wildem Garten und geheimnisvollen Ecken. Geborgen und frei sollten sich unsere Kinder fühlen können. Wir entschieden uns „Vater-Mutter-Kind“ zu spielen. Er schaffte das Geld heran und übernahm die Bohrmaschine, ich kochte und lernte Strümpfe stricken.

Natürlich hätte ich auch weiterhin meine Regale selbst anbringen können. Doch warum sollte ich? Dieses Spiel machte doch uns beiden Spaß. Die Rollen war so klar, dass auch unsere Kinder wussten: Den Nagel bringen wir zu Papa und die Nadel zu Mama.

Habe ich damit die Frauenbewegung verraten, meine Identität als selbstbewusste und in allen Bereichen meines Lebens unabhängige Frau verloren? Bestimmt nicht, denn ich wollte es genau so und nicht anders. Ich habe mich freiwillig dazu entschieden und mit meinem Mann gemeinsam die Regeln für dieses Spiel zu dieser Zeit festgelegt.

Wir hätten dieses Spiel durchaus auch anders spielen können. Und die anderen Varianten waren damals ebenso reizvoll für uns.

Aber um mit viel Spaß richtig gut spielen zu können, mussten wir uns entscheiden. Und wir haben nicht „Monopoly“ und nicht „Mensch-ärgere-dich-nicht“, sondern das traditionelle „Vater-Mutter-Kind“ gewählt. Das war unsere Freiheit. Das war unsere Emanzipation.

Als die Kinder heranwuchsen und das Spiel langweilig wurde, entschieden wir uns für ein neues mit anderen spannenden Aufgaben und Regeln: „Ich bin jetzt wohl mal …“

Damals konnte ich meine wunderbare Bohrmaschine und die damit verbundenen Tätigkeiten meinem Mann überlassen, denn für ihn und sein Selbstwertgefühl war es wichtiger als für mich. Und auch wenn dieses Feld noch so lächerlich klein ist: Damit ließ ich ihm ein Stück Identität.

Das war eine Übereinkunft: Es war von vornherein klar, wer wofür zuständig war; er musste um die Rolle des Werkzeug-Anwenders in unserer Familie nicht kämpfen.

Niemand muss alle Rollen gleichzeitig ausfüllen. Die Partner dürfen sich absprechen und – ganz wichtig – sie müssen dabei die Beziehung und die Bedürfnisse des anderen ständig im Blick behalten.

Die Zeiten haben sich geändert und keiner von uns will heute mehr auf die eine Rolle festgelegt bleiben. Wer sich für das Hausfrauendasein entschieden hat, der tut dies nur noch für einen bestimmten Zeitraum – und wie lange dieser ist, das ist Verhandlungssache.

Wenn die Kinder das Haus verlassen und selbstständiger werden, müssen die Aufgaben und Rollen unter den Partnern wieder neu verteilt werden. Die Rollenbesetzungen können wechseln und sich verschieben. Die Partner halten gemeinsam fest: „Jetzt in dieser Situation machen wir das so. Doch wir bleiben im Dialog und überprüfen den Status immer wieder." Dann muss es möglich sein, in diesem Dialog auch neue Entscheidungen zu treffen. Doch wenn ich eine Entscheidung getroffen habe, muss ich loslassen. Ja zu sagen heißt immer, zu etwas anderem Nein zu sagen.

Wenn wir Einspruch gegen die Gleichzeitigkeit erheben, wenn wir anerkennen, dass andere Menschen sich anders entschieden haben als wir selbst, wenn wir die Vielfalt von Rollenkonstellationen nicht mit Beliebigkeit verwechseln, sondern Wertschätzung aufbringen für die jeweils spezifische Lösung, dann können wir zu einer Gesellschaft werden, die wirklich frei ist. Und die jedem Einzelnen den Sinn zugesteht, der ihn gesund bleiben lässt.

Wir können es nicht leugnen: Die Rollenverschiebungen und -verwischungen sind real. Doch wenn wir Menschen unser Leben als ein Spiel ansehen, auf das wir selbst Einfluss haben, weil wir uns als Spieler begreifen und nicht als Spielfiguren, dann entsteht vielleicht eine Leichtigkeit, die uns dabei hilft, gesund zu bleiben.

Mein Plädoyer für die Klarheit der Rolle und gegen die Vermischung der Rollen bedeutet, dass der Moment zählt und das Spiel je nach Situation neu definiert werden kann. Die Akteure sind die Bestimmer. Wenn ich im Wasserfarbkasten alles durcheinandermische, habe ich schnell in dem Kasten und auf der Leinwand einen graubraunen Einheitsbrei. Wenn ich mich aber für den Moment eindeutig für Rot entscheide und mit dem Gelb warte, bis das Rot getrocknet ist, bleiben die Farben frisch und klar zu unterscheiden.

Ursache für Burnout ist nicht der Job, sondern die Sinnlücke im Leben. Sinn in meinem Leben entsteht dort, wo ich für diese Welt bedeutsam bin. Dazu muss ich mich mit meinen menschlichen Fähigkeiten kennen und erkennbar werden für andere. Denn nur dadurch, dass ich mich selbst kenne und annehmen kann, wie ich bin, werde ich erkennbar. Und nur so kann ich die Anerkennung meiner Mitmenschen erfahren und mich ihnen als Teil der menschlichen Gemeinschaft zugehörig fühlen.

Wie nun aber kann ich mich in den Tiefen meiner Persönlichkeit kennenlernen und für andere erkennbar werden? Den besten und einfachsten Weg kennen die Menschen, die noch am meisten lernen müssen, um sich diese Welt anzueignen und ihren Platz darin zu finden. Machen wir es wie sie. Machen wir es wie die Kinder: Spielen wir.

Geschlechterrollenspiele

Dieses Spiel können Sie im Dialog mit sich selbst spielen, zu zweit oder auch in ausgewählten oder zusammengewürfelten Gruppen. Sie können die Bögen kopieren und die Fragen für sich beantworten – oder Sie lassen den Fragebogen durch Ihre beste Freundin, Ihren besten Freund, Ihren Partner, Ihre Kinder ausfüllen. Nach welchen Regeln Sie spielen, entscheiden Sie.

Sie können systematisch alle Fragen durchgehen oder einfach ein paar für Sie gerade sehr interessante auswählen. Sie können neue Fragen erfinden. Sie können Wahrheit oder Lüge spielen. Sie können raten, wer welche Aussagen gemacht hat. Sie können andere Rollen einnehmen. Sie können einfach anfangen.

Ein letzter Hinweis: Bitte geben Sie ehrliche Antworten – und nicht die, von denen Sie meinen, dass Ihr Partner bzw. Ihre Partnerin, die Gesellschaft oder andere sie von Ihnen erwarten.

Fragebogen für Frauen

1. Meine drei Lieblingstätigkeiten

2. Meine drei Lieblingsspielzeuge

3. Meine drei Lieblingsgesprächsthemen

4. Meine drei größten Stärken

5. Diese drei Stärken sieht mein Partner bei mir

6. Diese drei Stärken sieht meine beste Freundin bei mir

7. Meine drei wichtigsten Werte

8. Meine drei wichtigsten Lehren

9. Meine drei wichtigsten Entscheidungen

10. Da bin ich mal über meine Grenzen gegangen

11. Wie eine ideale Frau aussehen sollte

12. Welche Qualitäten und Werte eine ideale Frau verkörpern sollte

13. Was eine Frau in ihrem Leben unbedingt einmal gemacht haben sollte

14. Wie ein idealer Mann aussehen sollte

15. Welche Qualitäten und Werte ein idealer Mann verkörpern sollte

16. Was ein Mann in seinem Leben unbedingt einmal gemacht haben sollte

17. Diese drei Stärken sehe ich bei meinem Partner

18. Was mein Partner selbst als seine drei größten Stärken bezeichnen würde

19. Diese drei Stärken sieht sein bester Freund bei ihm

20. Was ich gern an meinem Partner ändern würde

21. Was mein Partner gern an mir ändern würde

22. Worum ich die Männer beneide

23. Was ich an Männern nie verstehen werde

24. Was Frauen nie an Männern verstehen können

25. Wenn ich zaubern könnte, würde ich ...

26. Wenn ich sieben Leben hätte, wäre ich ...

27. Dieses eine würde ich am liebsten sofort leben

28. Wenn ich mein jetziges Leben noch mal von vorn anfangen könnte, würde ich ...

29. Dieses würde ich am liebsten sofort umsetzen

30. Wenn morgen die Welt unterginge, würde ich …

31. Das tue ich jetzt sofort

Fragebogen für Männer

1. Meine drei Lieblingstätigkeiten

2. Meine drei Lieblingsspielzeuge

3. Meine drei Lieblingsgesprächsthemen

4. Meine drei größten Stärken

5. Diese drei Stärken sieht meine Partnerin bei mir

6. Diese drei Stärken sieht mein bester Freund bei mir

7. Meine drei wichtigsten Werte

8. Meine drei wichtigsten Lehren

9. Meine drei wichtigsten Entscheidungen

10. Da bin ich mal über meine Grenzen gegangen

11. Wie ein idealer Mann aussehen sollte

12. Welche Qualitäten und Werte ein idealer Mann verkörpern sollte

13. Was ein Mann in seinem Leben unbedingt einmal gemacht haben sollte

14. Wie eine ideale Frau aussehen sollte

15. Welche Qualitäten und Werte eine ideale Frau verkörpern sollte

16. Was eine Frau in ihrem Leben unbedingt einmal gemacht haben sollte

17. Diese drei Stärken sehe ich bei meiner Partnerin

18. Was meine Partnerin selbst als ihre drei größten Stärken bezeichnen würde

19. Diese drei Stärken sieht ihre beste Freundin bei ihr

20. Was ich gern an meiner Partnerin ändern würde

21. Was meine Partnerin gern an mir ändern würde

22. Worum ich die Frauen beneide

23. Was ich an Frauen nie verstehen werde

24. Was Männer nie an Frauen verstehen können

25. Wenn ich zaubern könnte, würde ich …

26. Wenn ich sieben Leben hätte, wäre ich …

27. Dieses eine würde ich am liebsten sofort leben

28. Wenn ich mein jetziges Leben noch mal von vorn anfangen könnte, würde ich …

29. Dieses würde ich am liebsten sofort umsetzen

30. Wenn morgen die Welt unterginge, würde ich …

31. Das tue ich jetzt sofort

Über die Autorin

Helen Heinemann

Die Pädagogin mit einer psychotherapeutischen Ausbildung hat bisher zu den Themen Elternschaft und Paarbeziehungen veröffentlicht. Sie arbeitet seit mehr als 20 Jahren in der Gesundheitsförderung und gründete 2005 das „Institut für Burnout-Prävention“ in Hamburg. Helen Heinemann ist eine inzwischen vielfach gefragte Expertin für Stress, Erschöpfung und Burnout.

www.helen-heinemann.de.

MIX
Papier aus verantwortungsvollen Quellen
FSC® C014496
FSC
www.fsc.org

Verlagsgruppe Random House FSC-DEU-0100
Das für dieses Buch verwendete FSC®-zertifizierte Papier *EOS*
liefert Salzer, St. Pölten.

1. Auflage 2012
Bestell-Nr. 814 256
ISBN 978-3-942208-56-7

Umschlaggestaltung: Gute Botschafter GmbH, Haltern am See
Satz: Marcellini Media GmbH, Wetzlar
Druck und Verarbeitung: GGP Media GmbH, Pößneck
Printed in Germany